프롤로그

땡그랑~ 땡그랑~

이게 무슨 소리냐고요?
바로 돈 소리죠!

은행에서 나는 소리인 것 같군요.

용돈을 모아 은행에
돈을 맡기러 온 친구도 있고

은행에서 돈을 빌리는 사람들도 있네요.

돈을 맡기고 돈을 빌리는 은행!
흠흠, 이건 비밀인데
사실 은행은 보이지 않는 돈을
만들어 내기도 한답니다.
그게 무슨 말이냐고요?
자, 궁금하시면 저를 따라오세요.

차례

프롤로그 **4**
등장인물 **8**

은행이 망했다고?

1. 뱅크런 – 은행도 망할 수가 있다! **18**
2. 은행 관련 말말말 – 은행은 경제의 혈관이다 **26**
3. 은행의 종류 – 은행이 왜 이렇게 많을까? **32**
4. 지급 준비율 – 내가 맡긴 돈이 은행에 없다고? **38**
5. 예금자 보호법 – 은행이 망하면 내 돈도 사라지는 걸까? **46**

돈돈돈, 돈이 돈을 만든다!

6. 금리 – 돈에 돈이 붙는다고? **56**
7. 명목 소득과 실질 소득 – 내가 번 돈은 얼마일까? **64**
8. 신용 창출 – 돈이 계속 늘어난다 **72**
9. 코로나 19 후 경제 위기 – 물가가 오른 이유 **82**

내 금 돌려줘!

10. 미다스의 손 – 손이 닿는 모든 것을 황금으로! **100**
11. 중앙은행의 설립 – 중앙은행은 언제부터 있었을까? **108**
12. 은행의 이름 – 왜 금행이 아니라 은행일까? **116**
13. 은행의 역사 – 은행은 언제부터 있었을까? **126**

특명, 은행원 체험기

14. 보이스 피싱 – 보이스 피싱에 속지 않으려면? **142**
15. ATM의 역사 – 편리한 ATM, 언제부터 사용되었을까? **150**
16. 금융 실명제 – 정말 본인입니까? **156**
17. 저축의 종류 – 저축을 어떻게 해야 할까? **162**
18. 은행의 역할 – 은행은 무슨 일을 할까? **172**

에필로그 **178**

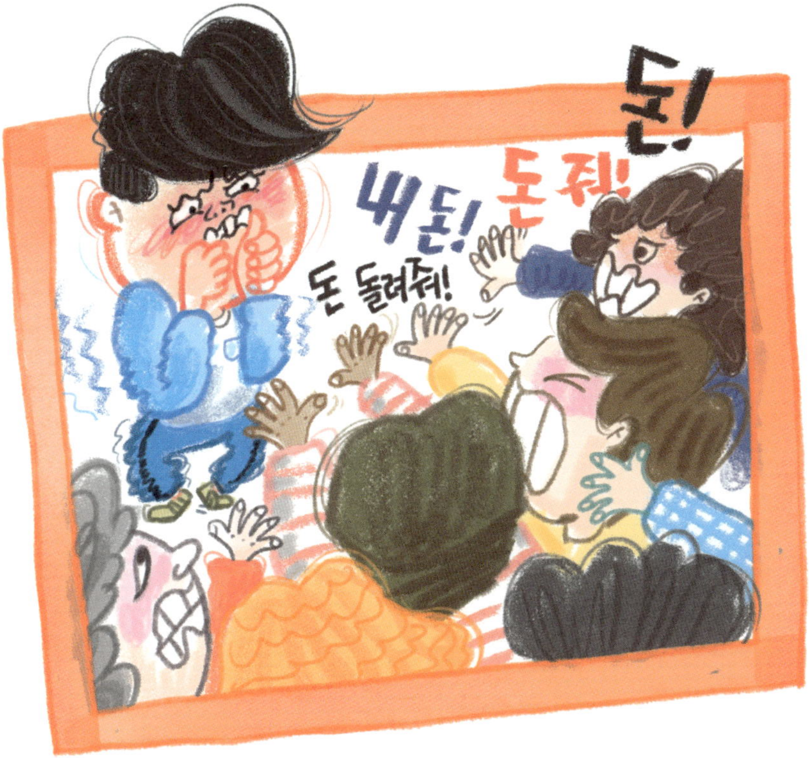
돈!
돈 줘!
내 돈!
돈 돌려줘!

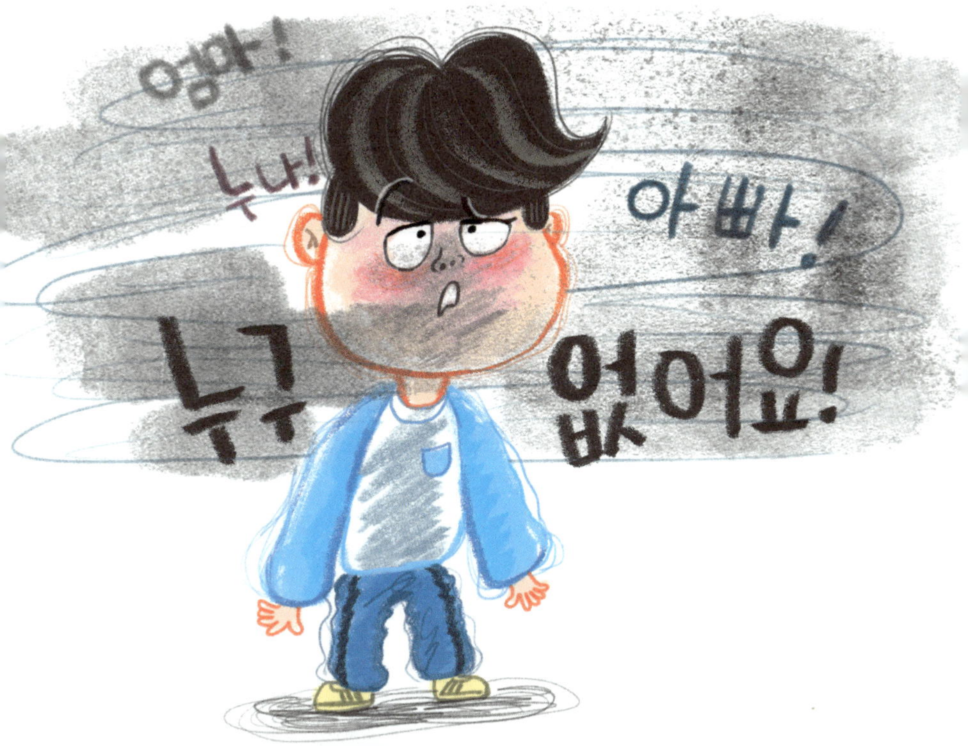
엄마!
누나!
아빠!
누구 없어요!

은행이 망했다고?

"바보 아냐? 돈을 왜 은행에 맡겨?"

수찬이의 말에 이득이는 입술을 깨물고 수찬이를 노려보았다. 그리고 무서운 목소리로 말했다.

"바보는 너 같은데. 돈을 은행에 맡기지, 어디에 맡겨!"

그러자 수찬이는 비웃는 표정으로 이득이를 바라보았다. 이득이도 지지 않고 수찬이를 마주 보았다. 둘은 교실에서 호랑이와 사자처럼 무시무시한 표정을 짓고 금방이라도 싸울 듯 으르렁거렸다. 사건의 시작은 통장, 이득이의 통장이었다.

딩동댕동~.

수업의 끝을 알리는 종이 울리자 아이들은 신나서 책가방을 메고 하교 준비를 시작했다.

"크흠. 정하라, 가방 다 챙겼으면 가자."

수학 시간은 싫어하지만 돈 계산은 좋아하는 이득이는 자기 몸집만 한 가방을 메고 하라의 자리로 다가갔다. 하라는 돈보다는 슬라임을 더 좋아하는 이득이의 단짝 친구다. 하라가 가방을 챙기고 있는데, 그때 이득이가 뭔가를 툭 떨어뜨렸다.

"이득아, 너 뭐 떨어뜨렸어. 혹시 슬라임? 어? 통장이네?"

하라가 떨어진 물건을 주우며 말했다.

"앗, 오늘 저.금.하.려.고 챙겨 온 통.장.을 떨어뜨렸네."

이득이는 어딘가 어색한 말투로 말했다. 사실 이득이는 자본주의 편의점에 다녀온 후 돈이 조금이라도 생기면 저금을 하기 시작했다. 자신의 통장을 자랑하고 싶어서 호시탐탐 기회를 엿보던 이득이가 우연인 척 통장을 떨어뜨린 것이었다. 통장을 주운 하라는 이득이의 예상대로 통장을 넘겨 보고는 두 눈을 반짝이며 감탄했다.

"우와! 이득아, 이거 다 네가 모은 돈이야? 너 멋지다."

"별거 아냐. 작은 돈이어도 꾸준히 저축하는 습관이 중요하다고 하더라고."

"누가?"

"우리 누나 친구 중에 돈돈이 형이라고 있어."

이득이는 아무렇지 않은 척하며 말하려고 했지만 하라의 감탄에 자꾸 씰룩씰룩 한쪽 입꼬리가 올라가는 것은 숨길 수 없었다.

그 순간, 촤악- 찬물을 끼얹는 말소리가 들렸다.

"멋지긴. 바보 아냐? 돈을 왜 은행에 맡겨?"

얄미운 목소리의 주인공은 바로 같은 반 친구인 수찬이었다.

"제수찬, 무슨 소리야? 바보는 너 같은데. 돈을 은행에 맡기지, 어디에 맡겨!"

이득이는 하라에게 받은 통장을 손에 꼭 쥐며 수찬이를 흘겨봤다. 수찬이는 이득이가 손에 쥐고 있는 통장을 바라보더니 훗 하고 비웃었다. 그리고 이득이의 팔뚝을 콕콕 찌르며 얄미운 목소리로 말했다.

"은행에 돈을 맡기면 안전한 줄 알지? 하여간 순진하면 당한다니까. 너 그러다가 은행에 돈 다 떼인다."

수찬이의 말에 하라는 눈이 왕방울만 해져 말했다.

"돈을 떼인다고? 은행이 내 돈을 가져간다는 말이야?"

은행이 돈을 가져가다니 이게 무슨 황당한 소리인가. 이득이는 깜짝 놀란 하라의 표정에 더 분한 마음이 들었다. 그래서 자신을 콕콕 찌른 수찬이의 손가락을 획 잡고 큰 소리로 말했다.

"은행은 돈 못 떼어먹거든. 고객이 제가 맡긴 돈 돌려주세요 하면 돌려주기로 한 게 바로 이 통장이거든. 경제에 대해서 아무것도 모르면서!"

이득이의 말을 들은 하라도 수찬이의 말에 반박했다.

"맞아. 그리고 은행에 돈이 얼마나 많은데. 은행이 뭐 하러 내 돈을 가져가?"

그러나 수찬이의 태도는 바뀌지 않았다. 수찬이는 이득이를 가소롭다는 표정으로 바라보더니 팔짱을 끼고는 이렇게 말했다.

"이래서 머리 나쁜 애랑은 어려운 얘기를 하면 안 돼. 너 ==뱅크런==이 뭔지 모르지? 응?"

수찬이의 말에 이득이는 눈을 껌뻑거렸다. 그리고 열심히 머리를 굴렸다.

'은행이 영어로 뱅크잖아. 런은 런닝맨? 은행 예능 유튜브 같은 건가?'

이득이는 일단 아는 척하며 큰소리를 쳤다.

"모르긴 왜 몰라. 나도 그거 구독하고 자주 보거든."

그 순간이었다.

"푸하하. 구독하고 본대. 푸하하하. 진짜 하나도 모르네."

 은행도 망할 수가 있다!

사람들이 은행에 맡긴 돈을 한꺼번에 찾으려고 하는 현상을 '뱅크런(bank run)'이라고 해.

뱅크런이 일어나면 은행에 돈을 맡기거나 빌리는 사람은 줄고, 돈을 찾으려는 사람만 늘어나지.

1929년 대공황부터 2023년 미국 실리콘밸리은행 파산까지
뱅크런은 전 세계에서 여러 번 일어났어.

정부와 중앙은행은 뱅크런을 막기 위해
은행에게 급한 돈을 빌려주기도 하고,
사람들이 돈을 안전하게 돌려받을 수 있는 제도도 운영하고 있어.

대답을 들은 수찬이가 요란하게 웃음을 터뜨렸다. 웃긴 예능을 본 듯 배를 부여잡고 주저 앉아 한참을 깔깔 웃던 수찬이는 겨우 정신을 차린 듯 일어나더니 이득이에게 다가왔다. 그리고 이득이의 어깨를 잡고는 말했다.

"고이득, 뱅크런은 은행이 망하는 거거든. 어제 유튜브에서 봤는데 너처럼 뱅크런 모르고 있다가 은행에 돈 다 뺏겨서 빈털터리 된 사람이 한둘이 아니더라. 그러니까 아는 척 그만하고 빨리 은행 가서 돈이나 빼."

말을 마친 수찬이는 뒤돌아 교실 밖으로 나갔다. 이득이는 수찬이가 떠날 때까지 아무 말도 할 수 없었다. 굳어 있는 이득이 옆으로 하라가 와서 조심스럽게 속삭였다.

"이득아, 뱅크런이 뭔지는 모르겠지만 저 말 듣는 게 좋을 거 같아. 수찬이가 너보다 경제에 대해 더 잘 아는 것 같으니까 말이지."

하라의 말에 이득이는 얼굴이 새빨개졌다. 하라에게 통장을 자랑하려고 했는데 수찬이와 비교를 당하다니. 이득이는 어찌나 부끄러운지 이 세상에 혼자만 있었으면 좋겠다는 생각이 들었다.

집으로 돌아가는 길. 이득이는 입을 삐죽이며 터덜터덜 걸어갔다.

"제수찬 녀석, 진짜 이름처럼 하나하나가 다 재수 없다니까. 뱅크런이 도대체 뭔데. 은행에 있는 내 돈이 없어질 수도 있다고? 무슨 말도 안 되는 소리야!"

말을 끝낸 이득이는 짜증스런 몸짓으로 길가에 뒹굴던 깡통을 발로 뻥 차서 날려 버렸다. 깡통은 휘이잉 하며 야구공처럼 날아가더니 뭔가에 부딪히며 때댕! 요란한 종소리를 냈다. 깡통이 날아가서 부딪힌 건 뽀글뽀글 파마를 한 은빛의 사람 머리였다.

"어떡해. 사람이 맞았잖아!"

자신이 찬 깡통에 사람이 맞아 어쩔 줄 몰라하던 이득이는 상대방의 얼굴을 보고 이내 반가운 표정으로 바뀌었다.

"어? 1달러의 사나이, 조지 워싱턴 할아버지!"

깡통에 맞은 사람은 바로 자본주의 편의점의 할아버지였기 때문이다.

"아니, 방금 전에 깡통으로 제 머리를 맞춘 게 이득 학생이었군요! 아무도 없다고 길에 있는 깡통을 발로 막 차면 안 되죠."

할아버지는 빈 깡통을 들고 이득이를 바라보았다. 이득이는 죄송한 마음에 할아버지 앞으로 달려가 고개를 조아렸다.

"할아버지, 죄송해요. 괜찮으세요? 머리에서 이상한 소리가 났는데……."

할아버지는 이득이의 말에 깡통으로 자신의 머리를 가볍게 쳤다. 그러자 다시 요란한 종소리가 울리는 게 아닌가. 이득이는 호기심 가득한 표정으로 말했다.

"할아버지 머리에서 신기한 소리가 나요."

할아버지는 씨익 웃더니 작게 속삭였다.

"이 소리 어딘가 익숙하지 않나요?"

이득이는 눈을 감고 할아버지의 머리에서 울려 퍼지는 소리를 가만히 들었다. 그 소리는 바로 때댕! 자본주의 편의점의 돈통 소리였다. 이득이가 놀라서 눈을 뜨자, 조금 전까지 아무것도 없던 눈앞에 커다란 5만 원 짜리 지폐로 만들어진 문이 떡 하니 있었다. 할아버지가 문을 열고 들어가더니 말했다.

"어서 오세요, 자본주의 편의점입니다."

이득이는 할아버지를 쫓아 자본주의 편의점으로 들어갔다.

딸랑.

편의점 문에 달린 종이 소리를 내며 손님이 들어왔음을

알리자, 이불 속처럼 캄캄하던 편의점에 불이 켜지며 화려한 쇼가 시작되었다. 색색의 지폐가 색종이처럼 떨어졌고, 타다닥 돈 세는 소리와 때댕 돈통 닫는 소리가 사방에서 울려 퍼졌다. 한쪽에서는 동전들이 폭포수처럼 콸콸콸 쏟아지고 있었고, 동전들은 물방울처럼 튀며 요란스러운 소리를 냈다. 이득이는 신기한 광경에 시간 가는 줄 모르고 돈 쇼를 구경했다. 그러자 계산대 너머로 은빛의 머리가 쓰윽 올라왔다.

"자본주의 편의점의 새로운 자랑, 동전 폭포랍니다. 돈, 돈, 돈! 경제 공부에 대한 꿈과 열정이 있는 어린이는 누구든지 환영합니다. 경제에 대한 모든 지식이 가득한 이곳은 바로 자본주의 편의점!"

이득이는 할아버지의 말에 웃다가 할아버지가 있는 계산대로 한걸음에 달려갔다. 아까 학교에서 경제 용어를 몰라서 하라 앞에서 망신당했던 게 떠올라서였다.

"할아버지, 저 경제 지식이 진짜 필요해요! 재수 없는 제수찬이 은행이 망한다며 이상한 단어를 얘기했는데 아는 척하다가 망신만 당했거든요."

할아버지는 이득이의 말에 미소를 지었다. 그러더니 씨익 웃으며 얘기했다.

"은행이 망한다라…… 뱅크런을 얘기했나 보군요."

이득이는 할아버지의 말에 놀라서 고개를 끄덕였다.

"맞아요! 그런 게 진짜 있나요? 그럼 진짜 제수찬 말대로 은행이 제 돈 떼어먹을 수도 있는 거예요?"

할아버지는 이득이의 말에 눈동자를 데구르르 돌려 어딘가를 쳐다보았다. 그러더니 익살스러운 표정으로 말했다.

"네. 그럴 수 있어요. 뱅크런이 일어나면 가능성이 있죠. 뱅크런을 이해하려면 먼저 은행이 돌아가는 원리를 알아야 하는데……."

이득이는 할아버지의 말에 깜짝 놀라 펄쩍 뛰었다. 자신의 가방 속에 있는 통장이 떠올랐기 때문이다. 은행이 돈을 떼어먹기 전에 빨리 은행, 은행에 가야 했다.

"내 돈! 할아버지, 저 은행에 가야 해요. 빨리요."

할아버지는 이득이의 말에 고개를 끄덕이더니 이상한 말을 했다.

"마침 원하는 곳까지 불꽃처럼 빨리 갈 수 있는 신제품이 있어요."

"네? 불꽃처럼 빨리 갈 수 있다고요?"

그때였다. 카운터 옆에서 펑! 소리와 함께 편의점 공중에 불꽃이 팍 터졌다. 이득이는 깜짝 놀라며 불꽃과 할아버지를 번갈아 쳐다보았다.

"할아버지, 마술 부리셨어요?"

할아버지는 이득이의 말에 웃으며 손사래를 쳤다. 그리고 재미있다는 듯한 얼굴로 얘기했다.

"하하. 마술이 아니라 이번에 들어온 신제품 홍보 장치예요. 홀로그램으로 불꽃을 쏘아 대지요. 방금 전 불꽃 진짜 같았죠?"

이득이는 할아버지의 말에 그제야 불꽃이 터졌던 허공 아래쪽을 보았다. 그곳에는 자그마한 기계가 있었는데 할아버지가 말한 것처럼 홀로그램으로 불꽃 영상을 쏘고 있었다. 할아버지는 불꽃을 가리키며 이득이에게 말했다.

"신제품의 이름은 불꽃 팝핑 초코볼! 가고 싶은 곳으로 불꽃처럼 빠르게 보내 주지요."

이득이는 할아버지의 말에 마음이 급해져서 큰 소리로 외쳤다.

"그럼 저 은행으로 갈래요. 지금 당장요!"

할아버지는 알겠다는 듯 고개를 끄덕이고는 불꽃 팝핑 초코볼이 있는 진열대를 가리켰다. 이득이는 빠른 걸음으로 진열대로 향했다. 때마침 홀로그램 기계에서 불꽃 영상을 한 번 더 쏘아 올렸다.

은행 관련 말말말

은행은 경제의 혈관이다

은행은 경제의 혈관이다.
혈관에 피가 흐르듯이 은행은 경제를 순환시키는
중요한 기관이라는 뜻.

**은행은 맑은 날에는 우산을 빌려줬다가
비가 오면 우산을 걷는다.** - 마크 트웨인
은행이 경제적으로 좋은 역할을 많이 하지만,
막상 경제 위기에는 도움을 받기 어려울 수 있다는 뜻.

**돈을 만드는 것은 은행이지만
오래 쓰는 것은 당신의 몫이다.** - 에반 에사르
돈을 어떻게 관리하고 사용하는지는 개인의 책임이라는 뜻.

**쓰고 남은 돈을 저축하지 말고
저축하고 남은 돈을 써라.** - 워렌 버핏
먼저 저축하고 나머지 돈으로 생활하라는 부자들의 경제 철학.

슈우웅, 펑!

진짜 불꽃 못지않게 화려하고 아름다운 불꽃 쇼였다. 진열된 불꽃 팝핑 초코볼의 포장지에는 입을 잔뜩 벌리고 초코볼을 먹고 있는 아이의 모습과 아이의 입속에서 불꽃이 터지는 그림이 그려져 있었다.

"이걸 먹으면 불꽃처럼 빨리 은행에 갈 수 있다는 거잖아. 얼른 은행에 가서 내 돈을 지켜야지."

이득이는 가방 속에 있는 통장과 차곡차곡 모았던 돈을 생각하며 비장한 얼굴로 초코볼을 집었다. 그리고 다급하게 계산대로 가 계산을 했다. 이득이는 바로 포장지를 뜯어 초코볼 하나를 입속에 넣었다. 그러자 달콤한 초코 맛과 함께 무언가 펑펑 입속에서 터지는 느낌이 났다.

"으, 입속에서 뭐가 자꾸 부딪히는데. 느낌이 이상해."

이득이는 편의점 한쪽 벽에 붙은 작은 거울 앞으로 가 입속을 비추어 보았다. 신기하게도 과자 포장지에 그려진 그림처럼 입속에서 오색찬란한 불꽃이 터지고 있었다.

"우와, 입속에서 불꽃이 터지고 있잖아. 밤하늘 같아. 어라? 잠깐, 불꽃이 왜 커지지?"

거울을 보던 이득이는 초조해지기 시작했다. 입속에서 터지는 불꽃의 크기가 커지고 있었기 때문이다. 이득이가 어쩔 줄 몰라 발을 동동 굴리자 이득이의 발에도 불꽃이 일어났다.

"앗, 발에서도 불꽃이 터지잖아! 이러다가 편의점에 불붙겠어. 불꽃 편의점이 되겠다고!"

발을 동동 굴리던 이득이는 편의점 문을 향해 뛰어갔다. 이득이가 뛰자 발에 있는 불꽃이 점점 더 커지더니 문을 여는 순간 펑! 터졌다. 이득이는 저 멀리 날아갔다.

"빨리 간다는 게 불꽃으로 날아가는 거였어? 으아악!"

이득이는 비명과 함께 사라졌다. 이 모습을 모두 지켜보던 할아버지는 이득이가 날아간 곳을 보며 작게 혼잣말을 했다.

"이득 학생, 부디 잘 다녀오길 바라요. 이번에 가는 곳은 만만치 않으니까요."

인간 로켓이 된 이득이가 어마어마한 속도로 하늘을 날아 도착한 곳은 여기도 은행, 저기도 은행, 은행이 모여 있는 도시였다.

"불꽃처럼 빠르게 가고 싶은 곳으로 보내 준다더니, 진짜로 은행에 도착했네. 빨리 내 돈 찾아야지. 내가 돈을 맡긴 은행은 희망은행인데……."

이득이는 희망은행을 찾아 고개를 이리저리 돌렸다.

"사랑은행, 행복은행, 태산은행……. <mark>은행</mark>이 왜 이렇게 많아? 근데 희망은행은 안 보이네. 에잇, 모르겠다. 어쨌든 다 은행이니까 다른 은행에 가도 돈을 찾을 수 있겠지!"

이득이는 가까이 있는 사랑은행으로 발걸음을 옮겼다. 그 순간이었다.

펑!

이득이의 눈앞에 있던 은행 안에서 굉음이 났다. 이득이는 깜짝 놀라 은행에서 멀어졌다.

"이게 무슨 소리야? 누가 폭죽이라도 터뜨렸나?"

이득이가 주변을 두리번거리는데, 건물이 무너지기 시작했다. 이득이는 다급히 뒷걸음질 치면서 외쳤다.

"이러다 다치겠어. 모두 피하세요!"

뿌연 연기 때문에 자세히는 안 보였지만, 이미 여러 사람이 다친 것 같았다. 여기저기서 신음하는 소리가 울려 퍼졌다. 연기가 좀 걷히자 이득이는 가까이에 널브러져 있는 아저씨에게 다가갔다. 아저씨는 크게 다쳤는지 의식이 없는 듯했다. 혹시 죽은 건 아닐까 덜컥 겁이 난 이득이가 아저씨를 흔들며 소리쳤다.

"괜찮으세요? 여기 사람이 쓰러졌어요! 누구 없어요? 도와주세요!"

그때였다.

"잠시만요, 비키세요!"

연기 너머로 나타난 구조대원들이 이득이를 밀어내고 쓰러진 사람에게 다가가 응급조치를 하기 시작했다. 누군가 빠르게 신고한 모양이었다. 구조대원들은 아저씨를 들것에 싣더니 구급차로 이동했다. 이득이는 지금 무슨 일이 벌어진 건지 도통 이해가 되지 않았다. 구급차에 올라타는 구조대원을 쫓아가던 이득이는 구급차 문이 닫히기 전에 급하게 물었다.

"지금 이게 무슨 일이에요? 전쟁이 난 건가요?"

구조대원은 이득이를 보며 굳은 얼굴로 대답했다.

"아니, 은행이 터졌어."

그 말을 마지막으로 구급차는 빠르게 멀어졌다. 이득이는 구급차가 떠난 후 뒤돌아 무너진 건물을 바라보았다. 폭삭 주저앉은 건물의 잔해 위로 '사랑은행'이라는 커다란 간판이 보였다.

"은행이 터졌다고? 그게 무슨 말이지?"

이득이는 납득이 되지 않아 은행 건물 가까이로 갔다. 그리고 그곳에서 신기한 것을 보았다.

은행의 종류

은행이 왜 이렇게 많을까?

흔히 은행을 구분할 때 제1금융권과 제2금융권으로 분류해.

제1금융권은 우리가 가장 많이 이용하고 알고 있는 은행이야.
은행법의 적용을 받아 금리는 낮지만 안정적이고 신뢰할 수 있어.

제2금융권은 은행법이 아닌 다른 금융 관련 법의 적용을 받는 금융 회사들이야.
금리가 높지만 비교적 안정성이 낮아.

제3금융권은 금융 관련 법의 적용을 받지는 않지만 합법적으로 돈을 빌려주는 업체들을 말해.

제1·2금융권에서 돈을 빌리지 못할 정도로 신용이 낮은 사람도 돈을 빌릴 수 있지만, 금리가 높아.

그런데 제3금융권 중에는 엄청난 이자를 받는 업체도 있어. 이런 곳에서 돈을 빌리는 건 정말 위험하니까 조심해야 돼.

"이…… 이게 뭐야?"

산산조각 난 건물 잔해들 사이로 철 가루가 흩어져 있었고, 그것들은 밧줄처럼 어딘가로 길게 이어졌다. 이득이는 철 가루가 뻗어 있는 방향으로 시선을 옮겼다. 철 가루의 끝에는 또 다른 은행 건물이 있었다.

"행복은행? 저기도 은행이잖아."

그때였다. 타닥 하는 작은 소리가 나더니 사랑은행에 있던 작은 불씨가 철 가루로 튀었다. 그리고 불꽃은 철 가루를 따라 빠른 속도로 행복은행 건물로 향했다.

"이럴 수가. 철 가루를 따라 불꽃이 퍼지고 있잖아!"

이득이가 말하는 그 순간, 불꽃이 행복은행에 닿았다. 곧이어 엄청난 굉음과 함께 행복은행이 터졌다. 이득이는 놀라 소리쳤다.

"으악! 모두 조심해요!"

행복은행이 터지며 건물의 잔해가 사방으로 튀었고 엄청난 먼지가 일어났다. 이번에도 사람들이 다친 듯 고통스러운 소리가 여기저기서 울려 퍼졌다.

"콜록 콜록."

구름 같이 일어난 먼지에 기침을 하던 이득이가 주변을 둘러보았다. 폭삭 무너진 은행 건물 잔해들 사이로 다친 사람들이 보였다.

"은행이 또 터졌어. 빨리 119에 신고해야 되는데. 여기 누가 신고 좀 해 주세요!"

이득이가 다급하게 외치며 주변을 살펴보는데 무너진 은행 건물 사이에서 철 가루가 또 어딘가로 이어진 게 보였다. 다행히 아직 철 가루에 불이 붙은 상황은 아니었지만, 아까처럼 불꽃이 튄다면 무슨 일이 벌어질지 몰랐다.

"또 철 가루가 이어져 있잖아. 저 건물도 위험해질 거야. 빨리 가서 사람들한테 당장 피하라고 말해 줘야 해!"

굳게 마음 먹은 이득이는 철 가루를 따라 뛰었다. 철 가루는 뒷골목으로 이어져 있었다. 다음 장소를 발견한 이득이는 깜짝 놀랐다.

"희망은행! 내 돈을 저금한 은행이잖아. 근데 또 은행이라고? 설마…… 제수찬이 말한 은행이 망한다는 게 이런 거였어?"

그때, 어디선가 치직- 하고 불꽃이 붙는 소리가 들렸다. 아까 무너진 행복은행 옆에 있던 철 가루에 불꽃이 붙은 것이다.

"이 은행에도 곧 불꽃이 닿을 거야. 그러기 전에 내 돈을 찾아야 해. 사람들도 구해야 되고!"

이득이는 다급하게 문을 열고 희망은행 안으로 들어갔다. 환한 조명에 깔끔한 바닥, 창구마다 띵동 벨이 울리며 손님들을 맞는 은행은 어느 곳보다도 평화로워 보였다. 이득이는 들어가자마자 큰 소리로 외쳤다.

"여러분, 곧 은행이 터질 거예요. 어서 피하세요!"

이득이의 외침을 들은 사람들은 순간 벙찐 표정으로 이득이를 쳐다봤다. 그리고 바쁘다는 듯 다시 고개를 돌려 각자 하던 일을 하기 시작했다. 마음이 급해진 이득이는 발을 동동 굴리며 창구로 달려갔다. 그런 이득이 앞에 엄청난 기운을 뿜는 사람이 나타나 창구에 앉아 있는 은행원을 향해 소리쳤다.

"내 돈 내놓으라고!"

큰 소리에 놀란 이득이는 깜짝 놀라 멈춰 섰다. 정장을 입은 한 남자가 이득이 앞을 가로막고 서서 창구에 통장을 세게 내려놓았다. 은행원은 남자를 진정시키며 말했다.

"고객님, 지금은 못 드립니다. 원래 저희 은행은 **지급준비율**에 맞춰서 일정 금액의 돈을 준비해 놓는데요. 지금 돈을 찾아가는 고객님이 많아서 은행에서 준비해 둔 돈이 다 떨어졌어요. 중앙은행에 돈을 달라고 요청해 놓고 답변을 기다리고 있으니까 조금만 기다려 주세요."

"내가 맡긴 내 돈인데 기다리라니! 나는 당장 돈이 필요하다고!"

점점 커지는 목소리에 사람들이 모여들었다. 이득이는 당황하며 말했다.

"은행에 돈이 다 떨어졌다고? 말도 안 돼."

은행원과 남자의 대화를 들은 사람들은 불안해진 듯 여기저기서 술렁거리기 시작했다. 곧바로 옆 창구에서도 큰 소리가 들려왔다. 마찬가지로 자신이 맡긴 돈을 빨리 돌려달라고 말하는 손님의 목소리였다.

'여기 있는 사람들, 모두 나처럼 은행이 돈을 떼어먹을까 봐 돈을 찾으러 온 사람들인가 봐.'

이득이는 주위를 둘러보았다. 내 돈 돌려달라 외치는 손님들과 당장은 줄 수 없다고 대답하는 은행원들, 은행은 그야말로 난리가 난 상황이었다.

"고객 여러분, 죄송합니다. 예금 인출이 폭증해서 유동성 악화가 왔습니다. 죄송하지만 희망은행에서는 현재 고객님들께 돈을 내드릴 수가 없습니다!"

한 은행원이 은행의 상황을 설명하며 외쳤다.

"그게 말이 됩니까? 언제든 찾아갈 수 있다는 걸 믿고 맡긴 건데 왜 못 내준다는 겁니까?"

지급 준비율

내가 맡긴 돈이 은행에 없다고?

우리가 은행에 돈을 맡기면 은행은 그 돈을 모두 보관하지 않아. 일부만 '준비금'으로 남기고 나머지는 대출이나 투자에 활용하지.

준비금은 맡긴 돈을 찾으러 온 사람에게
줄 수 있도록 남겨 두는 돈이야.
중앙은행은 은행이 얼만큼의 준비금을 보관하도록 정해.
이를 '지급 준비율'이라고 해.

예를 들어, 지금 준비율이 10%라면
100만 원을 맡겼을 때 은행은 10만 원만 준비금으로 보관해.
나머지 90만 원은 다른 사람에게 빌려줄 수 있지.

그러면 돈을 맡긴 사람에게도 100만 원이 있고,
돈을 빌린 사람에게도 90만 원이 생기게 돼.
실제로 시중에 도는 돈의 총 금액은 190만 원이 되는 거야.

지급 준비율이 높으면, 은행에 돈이 많아지고 시중에는 돈이 줄어들어.
지급 준비율이 낮으면, 은행에 돈이 줄어들고 시중에는 돈이 많아져.

그래서 중앙은행은 지급 준비율을 높이거나 낮춰서
나라 안에 돌아다니는 돈의 양을 조절하기도 해.

은행은
우리가 맡긴 돈
전부를
금고에
보관하지 않아.

"평생 모은 피 같은 재산입니다! 얼른 돈 돌려주세요!"

은행원의 말에 여기저기서 고함 소리가 들리기 시작했는데, 그 소리가 어찌나 큰지 마치 폭탄이 터지는 것 같았다.

'으으, 시끄러워. 귀가 터질 것 같아! 아, 진짜로 은행이 곧 터지기 전에 돈도 찾고 도망도 가야 되는데.'

은행원은 자기도 어쩔 수 없다는 듯 곤혹스러운 표정으로 사람들에게 말했다.

"돈이 있어야 돌려드리죠. 은행은 고객님들께서 맡긴 돈을 그대로 갖고 있지 않아요."

은행원의 설명에 사람들은 더 크게 화를 냈다. 곳곳에서 은행원을 향해 호통치고 원망하는 소리가 터져 나왔다.

"그럼 내 돈을 다른 데다가 썼다는 거예요?"

"그게 무슨 말이에요? 다들 사기꾼이었어!"

은행원은 포기하지 않고 말했다.

"은행에 맡긴 돈을 모든 고객님들이 한 번에 찾으러 오는 일은 거의 없으니까요. 은행은 평소에 고객님들이 맡긴 돈의 10% 정도만 보관하고 90% 정도는 대출이나 투자에 활용해요. 이렇게 한꺼번에 몰려와서 돈을 돌려달라고 하면 어떤 은행이든 바로 돈을 드릴 수 없어요."

은행원의 말에 놀란 이득이는 창구 너머의 금고를 쳐다

보았다. 아무리 생각해도 이상하게 느껴졌다.

"내가 은행에 돈을 맡기면 저 금고에 안전하게 보관되는 게 아니었어? 그럼…… 은행에 금고는 왜 있는 거지?"

한편, 은행 안의 분위기는 이제 소리를 지르지 않으면 의사를 전달하지 못할 정도로 시끄럽고 혼란스러웠다. 대부분의 사람들은 큰 소리로 화를 내고 있었고, 몇몇 사람은 억울한 마음에 펑펑 울거나 절망한 듯 바닥에 주저앉아 있었다. 평소에 다니던 은행의 분위기와는 전혀 다른 모습이었다.

"나도 내 돈 찾아야 되는데……."

이득이는 넋이 나가 실랑이에 끼지도 못하고 중얼거렸다. 은행원은 사람들을 진정시키려는 듯 다시 입을 뗐다.

"여러분, 우리나라에는 예금자를 보호하는 예금자 보호법이 있어요. 만약 은행이 망하면 나라에서 돈을 돌려드리니 저희를 믿고 조금만 진정해 주세요. 중앙은행에서 답이 올 때까지 조금만 기다려 주시길 부탁드립니다."

'오, 역시! 은행이 그냥 망할 리가 없지. 돈을 돌려받을 방법이 있었어.'

이득이가 은행원의 말에 안심하려던 찰나, 한 여자가 외쳤다.

"거짓말! 은행이 망하면 나라에서 돈을 돌려준다고? **예금자 보호법**이 맡긴 돈 전부를 돌려주지는 않잖아요. 저는 보호받을 수 있는 금액보다 훨씬 더 많이 맡겼다고요."

여자의 말에 사람들의 웅성거림은 다시 커졌다.

"돈을 많이 맡겼으면 전부 돌려받지는 못하나 봐."

"그래서 내 돈을 돌려받을 수 있다는 거야, 없다는 거야?"

이득이는 다시 돈을 못 찾을 수도 있다는 사실에 머릿속에서 불꽃이 터지는 것 같아 눈을 질끈 감았다. 그러자 불현듯 희망은행으로 이어진 철 가루에 아까 불꽃이 붙었던 게 떠올랐다. 여기도 언제 터질지 몰랐다.

"은행이 터지기 전에 내 돈도 찾고 사람들도 구하려고 왔는데 안 되겠어. 이 은행은 줄 돈이 없다잖아. 다른 은행에 가야 해. 사람들부터 밖으로 내보내자. 은행이 터지기 전에 모두 나가야 해."

이득이는 비장한 표정을 짓더니 사람들을 향해 외쳤다.

"여러분, 돈은 다른 은행에서 찾으세요! 곧 여기가 터질 거예요. 그럼 모두 다 다쳐요. 빨리 은행에서 나가세요!"

사람들은 이득이의 말을 귓등으로도 듣지 않았다. 발을 동동 굴리던 이득이의 머릿속에 아이디어가 떠올랐다. 이득이는 다시 큰 소리로 외쳤다.

"돈을 돌려받을 수 있는 방법이 있어요. 은행 문 밖으로 나가서 접수하면 된대요!"

말이 끝나자마자 사람들은 홀린 듯이 이득이를 바라보았다. 사람들의 반응을 본 이득이는 소스라치게 놀랐다.

'내 거짓말이 안 통했나?'

사람들은 이득이에게 점점 다가오기 시작했다. 이득이는 다가오는 사람들이 무서워서 뒷걸음질을 쳤다.

"아니, 은행 밖에 나가면 된다고 한 건 사실……."

이득이가 무서워서 진실을 말하려던 순간이었다. 사람들은 이득이를 슝 하고 지나쳐 어딘가로 달려갔다. 뒤돌아보니 은행의 출입문이었다. 이득이의 말을 듣고 빨리 나가서 접수하려고 하는 것이었다. 이득이 뒤로 사람들이 구름 떼처럼 몰려갔다.

"됐다! 내 말이 먹혔어. 이제 나도 나가야지."

이득이도 은행이 터지기 전에 나가기 위해 문쪽으로 향했다. 그런데 누군가 이득이를 뒤로 잡아당겼다. 알고 보니 사람들이 먼저 나가려고 서로를 잡아당기는 것이었다. 이득이는 당황하며 외쳤다.

"악, 나도 빨리 나가야 하는데. 저기요, 놓으세요. 저도 나갈 거예요!"

예금자 보호법

은행이 망하면 내 돈도 사라지는 걸까?

우리나라에서는 은행이 파산해서 사람들에게 돈을 돌려주지 못할 때 '예금보험공사'가 이를 대신 줄 수 있도록 법으로 정해져 있어.

예금자 보호법이 보장하는 금액은 한 사람당 최대 5천만 원까지야.

*2024년 12월에 보장 금액을 1억 원으로 확대하는 법안이 개정되어 곧 시행될 예정이야.

5천만 원을 넘어도 맡긴 돈과 이자를 전부 보장해 주는
예금도 있어. 바로 '우체국 예금'이야.

우체국 예금은 금리가 은행보다 낮지만,
사람들이 맡긴 돈과 이자를 나라가 전부 보장해 주기 때문에
더욱 안전하게 믿고 맡길 수 있어.

모두들 먼저 나가겠다고 아웅다웅하니 문 앞에 거대한 사람 벽이 세워진 듯 대부분이 나가지 못하고 다시 은행 안쪽으로 튕기며 넘어졌다.

"뒤에서 밀지 마세요!"

"제가 더 급하다고요!"

사람들은 문 앞에서 매듭처럼 뒤엉키기 시작했다.

"으악, 차례대로 나가요. 제발 순서대로 나가 주세요!"

사람들 사이에 끼인 이득이가 열심히 외쳤지만, 큰 주목을 받지 못했다. 오히려 서로 먼저 나가려고 몸싸움까지 벌어지며 혼란스러움은 절정으로 치달았다.

"이러다가 다 다쳐요. 제발 놔 주세요, 제발!"

그 순간, 이득이의 귓가에 치이익 하는 소리가 들렸다.

"이건 불꽃 소리잖아! 은행이 터지려나 봐. 이득이 살려!"

불꽃이 타들어 가는 소리가 가까워진다 싶더니 잠시 후 펑! 은행이 터졌다. 이득이는 눈을 질끈 감으며 생각했다.

'이번 모험도 엄청났어. 비록 내 돈을 찾지는 못했지만, 다시 원래 세계로 돌아가면 괜찮겠지.'

잠시 후 주변이 조용해졌다. 이득이는 이제 자본주의 편의점 할아버지가 보이고, 말도 안 되는 폭탄 세계 이야기를

한 후 집으로 돌아갈 생각을 하며 슬며시 눈을 떴다.

"여…… 여긴 어디지?"

그곳은 새하얀 세상이었다. 아무것도 그려지지 않은 스케치북 같은 순백의 풍경이 끝도 없이 펼쳐졌다.

"할아버지? 조지 워싱턴 할아버지! 저 모험 끝났어요. 저 여기 있어요!"

이득이는 일어나서 주변을 둘러보며 큰 소리로 외쳤다. 그러나 아무 소리도 들리지 않았다. 아무것도 보이지 않았다. 그저 아무것도 없는 새하얀 공간 속에 이득이 혼자 서 있을 뿐이었다.

"무서워……. 엄마! 아빠! 누나! 누구 없어요! 할아버지, 저 집으로 돌아가고 싶어요. 엉엉."

이득이는 자본주의 편의점이 눈앞에 나타나기를 바라며 빌고 또 빌었다. 두 손으로 귀를 막고 눈을 질끈 감았다가 다시 떠보기도 하고, 자본주의 편의점을 소리쳐 불러 보기도 했다. 또 제자리에서 뛰어 보기도 했다. 그러나 아무 소리도 들리지 않았고 아무것도 보이지 않았다. 또 아무런 일도 일어나지 않았다. 새하얗고 텅 빈 세상 속에 이득이 혼자만 있을 뿐이었다.

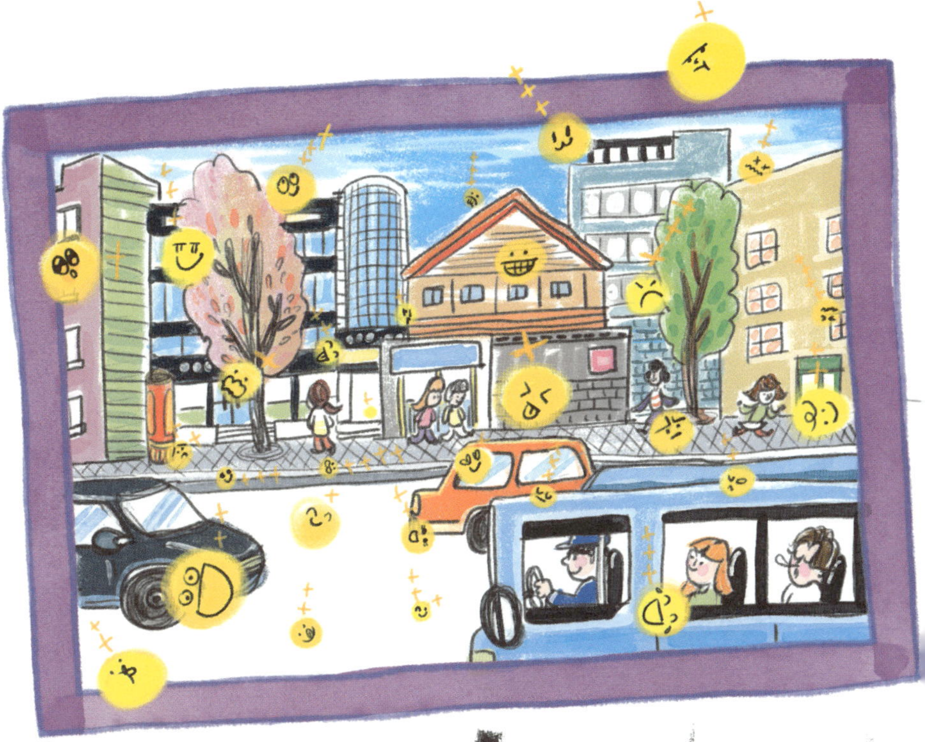

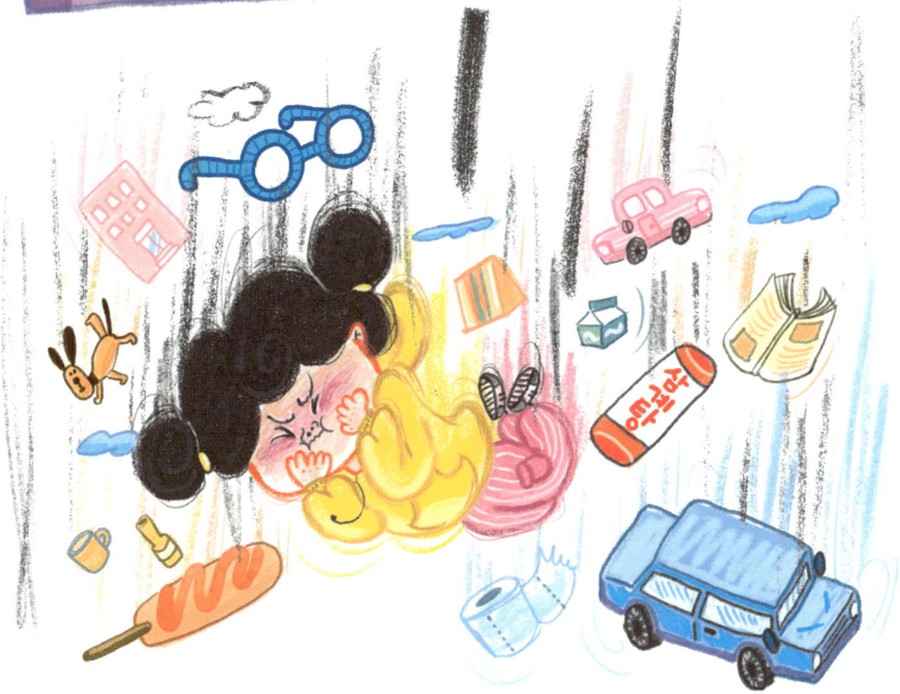

돈돈돈, 돈이 돈을 만든다!

 여느 때처럼 침대에 누워서 유튜브 영상을 보고 있던 금리는 고개를 갸웃거렸다. 유튜브에서 이상해도 너무 이상한 뉴스를 봤기 때문이었다.
 "은행이 만드는 경제 위기, 고통은 누구의 몫인가?"
 "고금리로 숨통 조이는 은행, 서민의 숨통도 열어라!"
 뉴스에서는 빨간 띠를 머리에 두른 사람들이 은행 앞에서 시위를 하고 있었다. 금리는 영상을 멈추고 한참 동안 휴대 전화를 노려봤다. 돈을 저금하는 곳인 은행이 경제 위기를 만든다니. 소방관이 불을 낸다는 말처럼 도통 이해가 되지 않았다.
 "은행은 사람들이 돈을 맡기면 금고에 보관했다가 다시 찾으러 오면 돌려주는 곳 아니야? 그리고 고금리라니, 나 말고도 **금리**가 또 있어?"

금리는 머리를 쥐어 뜯으며 생각하다가 안 되겠다는 듯 벌떡 일어났다. 그러고는 동생 이득이 방으로 달려갔다. 금리는 방문을 벌컥 열고 휴대 전화를 내밀며 외쳤다.

"이득아, 누나 진짜 이상한 거 봤어! 은행이 숨통을 조이고 경제 위기를 만든대."

그러나 방 안에는 이득이가 없었다. 이득이만 없는 것이 아니었다. 물건도 모두 없었다. 이득이의 침대와 책상, 옷장이 있었던 방은 가족들이 언제라도 와서 책을 읽고 쉴 수 있는 서재로 바뀌어 있었다.

"어라, 방이 왜 이렇게 생겼지? 이득이 방이 다른 방으로 바뀌었잖아."

당황해서 중얼거리는 금리의 뒤에서 엄마의 목소리가 들렸다.

"이득이? 이득이가 누구니?"

금리는 엄마의 말에 놀라 휙 고개를 돌려 엄마를 바라보고는 큰 소리로 대답했다.

"이득이요, 제 동생 고이득!"

엄마는 금리의 말에 영문을 모르겠다는 듯 어리둥절한 표정을 지으며 말했다

"애도 참. 네가 동생이 어딨어. 꿈꿨니?"

 **돈에 돈이 붙는다고?**

은행에 돈을 맡기거나 빌릴 때 돈에 붙는 돈을 '이자'라고 해.
이자를 비율로 나타낸 것을 '금리'라고 하지.

금리가 높으면 돈을 빌리는 사람이 줄어들어.
금리가 높다는 말은 빌린 돈에 비해 이자를 많이 내야 한다는 말이야.

금리가 낮으면 돈을 빌리는 사람이 늘어나.
소비나 투자도 늘어나면서 경제 활동이 활발해져.
금리는 경제를 움직이는 데 중요한 역할을 해.

금리는 은행마다 조금씩 다르지만, 기준이 되는 금리가 있어.
이를 '기준 금리'라고 해.

은행들은 중앙은행이 정한 기준 금리를 따라 금리를 조절해.
중앙은행은 금리를 조절해서 경제를 안정시키는 역할을 하지.

금리는 엄마와 이득이의 방을 번갈아 보다가 얼굴이 굳어졌다. 이득이가 누군지 기억이 희미해졌기 때문이었다.

"동생, 동생……. 어라, 내가 동생이 있었나?"

엄마는 금리의 말에 실없다는 듯 웃고는 거실로 돌아갔다. 거실 벽에 걸린 가족사진도 엄마, 아빠, 금리 이렇게 셋만 있는 사진으로 바뀌어 있었다. 이득이의 존재가 완전히 지워진 것이다. 방을 어색하게 바라보던 금리가 중얼거렸다.

"누가 있었던 것 같은데 기억이 안 나. 이상해."

그때 책장에 꽂혀 있던 책 한 권이 툭 떨어졌다.

"뭐야, 책이 왜 혼자 떨어져?"

금리는 방으로 들어가서 책을 집어 들었다. 그리고 책장에 책을 끼워 넣으려고 고개를 든 순간, 책장 빈 공간에서 흐릿한 형체를 보았다.

"어? 책장 속에 이게 뭐지?"

그건 바로 이득이었다. 이득이가 새하얀 세상에서 빠져나오지 못하자 원래 세계에서는 이득이의 존재가 지워졌다. 하지만 방금 전 금리처럼 무의식 중에 이득이에 대한 기억을 떠올리는 경우가 종종 발생했는데, 그러면 이득이는 시공간을 넘어 원래 세계와 잠깐 연결될 수 있었다. 바로 지금처럼 말이다.

"누나, 나 이득이야!"

이득이는 이 기회를 놓칠 수 없다는 듯 소리쳤다. 그러나 금리에게 이득이의 목소리는 들리지 않았다. 금리는 다시 이득이를 잊은 뒤였다. 이득이의 몸이 점점 흐릿해지더니 이내 완전히 사라져 버렸다. 금리는 황급히 눈을 비비고 책장을 다시 보았다. 그곳은 아무것도 없는 빈 공간이었다.

"눈이 나빠졌나? 이상한 게 보였어. 사람 같기도 했는데 그럴 리가 없지. 뉴스에서도 이상한 말을 하더니, 오늘 정말 이상한 날이야……."

금리는 책을 책장에 꽂았다. 그리고 왠지 맥이 빠지는 느낌이 들어 그 자리에 힘없이 털썩 주저 앉았다. 그때였다.

통통통.

옆에서 무언가 튀는 소리가 났다. 고양이의 발걸음 소리보다 훨씬 가벼운 소리였다. 금리는 소리가 나는 쪽으로 고개를 돌렸다.

"저건 또 뭐야!"

방 한구석에서 무언가 통통 점프하며 뛰어다니고 있는 게 아닌가. 난생 처음 보는 모양이었다. 먼지를 뭉쳐 놓은 것처럼 동그래서 언뜻 털 뭉치처럼 보이기도 했다. 먼지는 황금색으로 빛나고 있었다.

"털 뭉치? 먼지? 장난감? 인형?"

금리는 황금빛 먼지의 정체를 추리했다. 아주 작고 귀여워 문제를 일으킬 것 같지는 않았다. 금리가 자리에서 일어나 먼지에게 다가가자 먼지는 금리의 발을 피해 책장으로 올라갔다. 금리가 먼지를 만지려는 순간, 화악- 하고 서재에 황금빛이 퍼졌다.

"악! 눈부셔!"

갑작스러운 빛에 놀라 금리는 눈을 질끈 감았다. 다시 살짝 눈을 떴을 때는 책장 전체가 황금빛으로 밝게 빛나고 있었다.

"자본주의 편의점!"

빛의 정체는 바로 커다란 5만 원짜리 지폐로 만들어진 자본주의 편의점의 문이었다. 황금빛 먼지가 편의점 문으로 뛰어들자, 문이 투명해지며 사라지려고 했다. 금리는 문이 사라지기 전에 황급히 손잡이를 잡았다. 그리고 벌컥 문을 열고 그 속으로 뛰어 들어갔다.

딸랑.

편의점으로 들어가니 사막의 오아시스처럼 매혹적인 풍

경이 펼쳐졌다. 천장에서는 수많은 지폐들이 팔랑팔랑 나비처럼 떨어졌고, 편의점 곳곳에서 동전들이 폭포수처럼 쏟아지며 요란한 쇳소리를 냈다. 타다닥, 때땡! 사방에서 돈 세는 소리와 돈통 소리가 주말 성당의 종소리처럼 쉬지 않고 울려 퍼졌다. 만약 돈으로 만들어진 파라다이스가 있다면 이런 모습이지 않을까 싶을 정도로 신기하고 환상적인 광경이었다.

"여기가 우리 집이었으면 좋겠다. 히히."

그런 금리를 인자하게 바라보는 사람이 있었다. 바로 자본주의 편의점의 할아버지였다. 할아버지는 계산대에 서서 금리를 보고 미소 짓고 있었다.

"어서 오세요, 자본주의 편의점입니다."

"조지 워싱턴 할아버지! 안녕하세요?"

"오! 금리 학생, 이제 제 이름을 맞게 부르는군요."

"그럼요! 아, 할아버지 오늘 이상한 일이 있었어요."

금리는 숨을 크게 들이쉬고는 와다다 말했다.

"서재에 갔는데 아무리 생각해도 다른 사람 방 같은 거예요. 책장에서 작은 사람 형체를 본 것 같은데 아닌 것 같기도 하고, 뭔가 중요한 걸 잊은 것 같은데 뭔지 모르겠고, 또 황금빛 먼지를 따라왔는데……."

금리는 할아버지에게 말할수록 왠지 시무룩해졌다. 할아버지는 금리의 말에 오묘한 표정을 지었다. 그러더니 차분한 목소리로 말했다.

"우리가 사는 세상에는 보이는 것보다 보이지 않는 것이 훨씬 많아요. 마치 은행이 만드는 보이지 않는 돈처럼요."

"보이지 않는 돈이요?"

알쏭달쏭한 할아버지의 말에 금리는 눈이 동그래졌다. 할아버지가 웃으며 말했다.

"자, 마침 우리 편의점에 금리 학생에게 딱 맞는 신제품이 있어요. 안 보이던 것들을 볼 수 있는 제품이죠."

"안 보이던 것들을 볼 수 있다고요? 뭘 볼 수 있는 걸까? 공기? 매력?"

금리는 신제품이라는 말에 언제 울상이었냐는 듯 눈을 반짝였다.

"공기나 매력만큼이나 중요한 걸 볼 수 있답니다. 바로 돈의 원리죠. 세상에 돈이 어떻게 굴러가는지가 보일 거예요."

"돈의 원리요? 저희 선생님이 맨날 원리를 알아야 된다고 하셨는데. 그럼 그것만 알면 부자가 될 수 있겠네요! 그 물건 어디 있어요?"

할아버지는 한쪽 진열대를 가리켰다. 금리는 신이 나서

할아버지가 가리킨 쪽으로 걸어갔다. 진열대에는 신기한 제품들이 많았다. '빙글빙글 팽이 캔디', '재채기를 부르는 에취 껌', '활활 타오르는 핫바' 그리고 '먹으면 보이는 안경을 쓴 눈알 젤리'가 놓여 있었다.

"안경? 눈알 젤리? 이거다!"

금리는 젤리를 번쩍 들어 올렸다. 젤리는 투명한 포장지로 포장되어 있었고 사은품으로 파란색 장난감 안경이 같이 들어 있었다. 금리는 젤리를 들고 이리저리 돌려 보았다.

"진짜 눈 같이 생겼다. 안경은 완전 가볍네."

젤리는 마치 해부실에서 주워 온 듯 실감 나는 눈알 모양이었다. 포장지에는 5천 원이라는 가격이 적혀 있었다.

"젤리 하나에 5천 원? 너무 비싸다. 한 2천 원 정도면 충분할 것 같은데."

궁시렁거리는 금리의 목소리를 들은 할아버지가 말했다.

"가격이 너무 비싼가요? 그럼 그 젤리는 **소득**이 있는 다른 사람에게 팔아야겠군요."

그 말을 들은 금리는 젤리를 냉큼 손에 쥐고 계산대로 향했다.

"가격이 비싸다는 말이지, 안 산다는 말은 아니었어요. 신상인데 당연히 제가 사야죠."

명목 소득과 실질 소득

내가 번 돈은 얼마일까?

돈에 표시된 그대로의 값을 '명목 소득'이라고 해.

명목 소득은 사람들의 소득을 쉽게 측정할 수 있도록 해.

하지만 실제로 그 돈의 가치는 판단하기 어려워.
소득만큼 물가도 오를 수 있기 때문이야.

물가 변동을 반영한 소득을 '실질 소득'이라고 해.
예를 들어, 용돈은 1,000원으로 변함이 없지만
똑같은 물건을 사도 예전에 비해 500원을 더 썼다면
이때 실질 소득은 500원이 되는 거야.

소득보다 물가가 더 올랐다면 실질 소득은 떨어졌다고 할 수 있어.

그래서 한 해 동안 국민이 벌어들인 총소득, 국민총소득을 판단할 때
명목 총소득과 실질 총소득으로 나누어 보기도 해.

금리는 계산대에 서서 당당하게 5천 원을 내밀었다. 할아버지는 지폐를 받은 후 젤리를 건넸다. 금리는 침을 꿀꺽 삼킨 후 포장을 뜯었다.

"으, 눈이랑 너무 똑같이 생겨서 징그러워."

진짜 사람의 눈알 같은 젤리 모양에 조금은 섬뜩함을 느낀 금리는 장난감 안경을 먼저 꺼냈다. 금리는 평소에 안경을 안 썼기 때문에 안경을 쓴 아이들이 늘 부러웠다. 코 위에 안경을 올린 후 금리는 흐뭇한 미소를 지으며 말했다.

"안경을 쓰면 똑똑해 보인단 말이지. 나는야 똑똑한 모범생! 눈 감으면 젤리도 안 징그럽지. 나는야 천재 고금리!"

금리는 눈을 꼭 감고 손에 든 젤리를 입속에 와락 던져 넣었다. 그리고 오물오물 씹기 시작했다. 젤리는 입안에 들어가자마자 신기한 맛을 내기 시작했다. 얼굴이 찡그려질 정도의 신맛과 입안이 얼얼해질 정도의 단맛이 동시에 났다. 젤리를 목구멍으로 꼴깍 삼키는 순간, 금리의 눈동자가 일순간 동전으로 변했다가 다시 원래대로 돌아왔다.

"뭐 이런 젤리가 다 있지? 신기해."

금리는 놀란 표정으로 안경을 쓴 채 고개를 도리도리 흔들었다. 할아버지는 그 모습을 웃으며 바라보았다.

"이거 엄청 맛있어요. 뭐든 보일 것 같은 맛인데요. 할아버지, 그럼 저는 이만 갈게요. 천재 고금리가 나가신다!"

금리는 신이 나서 할아버지에게 꾸벅 인사하고 장난감 안경을 쓴 채로 편의점 문을 열었다. 금리의 뒷모습을 보며 할아버지는 혼잣말을 했다.

"눈 크게 뜨고 잘 보기를, 꼭 다시 기억해 내기를 바라요, 금리 학생."

철컥.

"여기는 또 어디야!"

편의점 밖으로 나온 금리는 깜짝 놀라고 말았다. 분명 밖으로 나왔는데 다시 어떤 건물 안이었기 때문이다.

"121번 고객님."

깔끔한 바닥과 높은 천장, 은행원들이 창구마다 앉아 손님을 맞이하고 있는 이곳은 바로 은행이었다. 금리는 잠시 상황을 파악하다가 고개를 갸웃거리며 주변을 둘러보았다.

"할아버지가 보이지 않는 돈이 어떻게 굴러가는지가 보일 거라고 했잖아. 그래서 은행에 왔나 봐. 돈아, 돈아, 넌 어떻게 굴러다니는 거니? 부자가 되는 법을 알려다오~."

금리는 안경 안에서 레이저 같은 눈빛을 쏘며 열심히 주변을 쳐다보았다. 그때였다. 금리의 눈앞에 통통 튀는 황금빛 먼지 덩어리들이 보였다.

"앗, 저 황금빛은!"

털 뭉치처럼 생긴 황금빛 먼지들이 통통거리며 금리의 눈앞에서 튀어 올랐다. 먼지가 눈앞으로 점프하자, 금리는 화들짝 놀라 뒤로 벌러덩 넘어졌다. 그 바람에 쓰고 있던 장난감 안경이 벗겨졌다. 그러자 이상한 일이 일어났다. 방금 전까지 보이던 먼지들이 흔적도 없이 사라진 것이었다.

"뭐지? 내가 잘못 본 건가?"

금리는 두 눈을 비비고 주변을 둘러보았다. 황금빛 먼지들은 어디에도 보이지 않았다. 금리는 일단 안경을 주워서 얼굴에 썼다. 그 순간이었다. 통통통! 다시 황금빛 먼지들이 보였다. 금리는 안경을 쓰윽 올리며 고개를 갸웃거렸다. 그러다가 문득 생각났는지 눈을 빛냈다.

"설마 이 안경 때문인가? 안경을 쓰면 보이는 거야?"

금리는 안경을 썼다 벗었다를 반복하며 먼지들이 보였다 안 보였다 하는 걸 확인했다.

"안경 때문이 맞았어! 눈에 안 보이는 것들이 보일 거라더니 이거였구나. 근데 아까 자본주의 편의점에 가기 전에는 안경을 안 쓰고 있었는데 어떻게 보인 거지?"

금리는 황금빛 먼지들을 바라보며 골똘히 고민했다. 귀

여운 눈을 가진 황금빛 먼지들은 금리를 반가워하며 통통 튀고 있었다.

"자세히 보니 너희 너무 귀엽다!"

먼지들의 크기는 모두 달랐다. 금리의 주먹이나 탱탱볼 크기 정도의 먼지가 있는가 하면 손톱만큼 작은 먼지도 있었다. 금리는 먼지들에게 웃으며 말했다.

"어이, 황금빛 먼지 덩어리들. 가만 있어 봐. 내가 너희를 보려고 비싼 젤리를 사 먹고 안경을 쓴 게 아니라고. 돈이 어떻게 굴러다니는지가 보인다고 했는데 왜 안 보이지? 나와라, 돈!"

그러자 황금빛 먼지들이 소리치듯 더욱 격렬하게 튀어 오르더니, 뭉쳐서 뭔가를 만들기 시작했다.

"응? 뭐지? 막대기?"

먼지들이 몽글몽글 모여서 만든 것은 글자였다.

ㄷ ㅗ ㄴ

금리는 먼지들이 만든 글자를 알아채고 말했다.

"그래, 돈! 돈이 어디 있다는 거야?"

먼지들은 흩어졌다가 다시 뭉치더니 또 다른 글자를 만들었다.

ㅇ ㅜ ㄹ ㅣ

글자를 읽은 금리는 깜짝 놀라서 말했다.

"우리? 돈? 그러니까 너네가 돈이라고?"

그러자 먼지들은 다시 뿔뿔이 흩어져서 맞다는 듯 열심히 통통 뛰었다. 금리는 아리송한 표정으로 먼지들을 쳐다보았다.

"아니 무슨 먼지처럼 생겨서……. 동전 같이 생긴 것도 아니고 지폐처럼 생긴 것도 아니고. 심지어 너희는 사람들 눈에 보이지도 않잖아. 음, 일종의 미세 먼지 돈 같은 건가?"

황금빛 먼지들은 기분이 나쁜 듯 부르르 떨며 도끼눈으로 금리를 쳐다보았다. 먼지들의 매서운 눈빛에 금리는 어색한 웃음을 지으며 얼른 말을 고쳤다.

"아, 아니. 미세 먼지가 아니라 돈의 요정?"

요정이라는 말에 먼지들은 기쁜 듯 폴짝폴짝 뛰었다. 뛰면서 반짝반짝 빛을 내는 모습이 반딧불 같기도 했다.

"너희들 돈의 요정이었구나. 돈에 요정이 있다니. 흐흐. 정말 귀엽다!"

그때였다.

띵동.

은행의 창구에서 손님을 찾는 벨 소리가 울렸다.

"122번 고객님."

흰 셔츠를 입은 손님이 창구로 다가갔다. 돈의 요정들은 일제히 몸을 휙 돌리고 창구를 쳐다봤다. 손님은 창구에 돈다발을 내려놓으며 말했다.

"여기 100만 원 저금하려고 합니다."

은행원이 돈을 받으며 대답했다.

"통장과 신분증 가져오셨나요?"

은행에 돈을 맡기러 온 평범한 손님과 은행원의 모습이었는데, 특이한 점은 손님 주위에도 황금빛 먼지 하나가 붙어 있었다는 것이다. 돈의 요정들은 창구에서 손님이 예금을 하는 모습을 집중해서 쳐다보고 있었다. 금리는 그 모습이 신기해 안경을 고쳐 쓰고 계속 지켜보았다.

'돈의 요정이라더니 돈을 지키는 건가? 손님이 **신용**이 있는지 감시하는 건가?'

어느덧 예금을 끝낸 손님이 자신의 통장을 챙겨 창구에서 물러나는 순간이었다.

"아!"

금리는 자기도 모르게 탄성을 지르고 말았다. 손님에게 붙어 있던 황금빛 먼지가 뽀옥 하는 소리를 내며 두 개로 나뉘었기 때문이다. 순식간에 아주 작은 황금빛 먼지 하나가 더 생겼다.

신용 창출 돈이 계속 늘어난다

> 예를 들어, 지급 준비율이 10%라고 하자.

누군가 중앙은행에서 발행한 돈 100만 원을 A 은행에 맡기면, A 은행은 정해진 지급 준비율만큼의 돈을 빼고 남은 돈 90만 원을 다른 사람에게 빌려줘.

100 + 90 = 190만 원

돈을 빌린 사람이 90만 원을 다시 B 은행에 맡기면
B 은행은 정해진 지급 준비율만큼의 돈을 빼고
남은 돈 81만 원을 다른 사람에게 빌려줘.

$$100 + 90 + 81 = 271만 원$$

처음에 100만 원이었던 돈이
예금과 대출을 2번 거치면서 271만 원이 된 거야.
이 과정을 계속 반복하다 보면
최대 1,000만 원까지 늘어날 수 있어.

본원 통화와 신용 통화를 더한 양을 '통화량'이라고 하지.

본원 통화와 신용 통화가 더해지면서 돈이 늘어나는 거야.

통화량이 계속 많아지는 것을 '신용 창출' 또는 '신용 창조' 라고 해.

"새로운 돈의 요정이 생겨났어!"

놀라서 저도 모르게 소리를 지른 금리는 주변에 있는 돈의 요정들을 둘러보았다.

"은행에 돈을 맡기니까 돈의 요정이 생겼어. 너희들은 이렇게 만들어지는구나. 은행에 돈이 많아지면 너희들도 많아지는 거네!"

돈의 요정들은 금리의 말소리를 알아들은 듯 반짝였다. 그 순간, 옆에서 엄청난 빛이 나기 시작했다. 고개를 돌려보니 새로 생긴 작은 돈의 요정이 빛나고 있었다. 작은 돈의 요정은 금리의 말이 끝나자마자 은행의 한쪽 벽 속으로 빨려 들어갔다. 금리는 깜짝 놀라서 눈이 휘둥그레졌다. 그리고 발을 동동 구르며 남아 있는 돈의 요정들에게 물어봤다.

"이게 어떻게 된 거야? 돈의 요정이 사라졌어. 누군가의 돈이 사라진 건가? 어떡해! 요정들아, 대답해 봐."

돈의 요정들은 금리의 질문을 듣더니 어떻게 된 일인지 설명하려는 듯 꼼지락꼼지락 몸을 움직였다. 그리고 또 다시 글자를 만들었다.

ㄱ ㅡ ㅁ ㄱ ㅗ

금고라는 글자였다. 글자를 본 금리는 안도의 한숨을 쉬고는 웃으며 말했다.

"은행 금고에 간 거구나. 돈의 요정한테는 금고가 집인가? 너희들 금고에서 자니? 히히."

이득이의 존재는 까맣게 잊고 돈의 요정들과 장난을 치던 금리의 귀에 옆 창구에서 나누는 대화 소리가 들려왔다. 누군가 대출 상담을 받고 있는 듯했다.

"네, 고객님. 대출 서류는 모두 접수되었고요. 신용이 좋으셔서 대출 가능합니다."

"혹시 대출이 안 되면 어쩌나 걱정했는데 다행이에요."

손님과 은행원의 대화를 듣던 금리는 아는 척을 하며 말했다.

"빚이 얼마나 무서운지 모르시나 봐. 나도 전에 오동동한테 돈 빌렸다가 못 갚아서 큰일날 뻔했다고!"

창구에서는 대출을 마친 손님이 감사 인사를 하며 자리에서 일어났다. 금리는 아쉬운 듯 돈의 요정들을 바라봤다.

"대출은 은행에서 돈을 빌리는 거니까 돈의 요정도 줄어들겠네. 황금빛 먼지 새로 생기는 거 완전 신기했는데."

그 순간, 또 뽀옥 소리가 나더니 새로운 황금빛 먼지가 생겨났다. 그런데 이번 돈의 요정은 다른 돈의 요정들과 달랐다. 금리처럼 안경을 쓰고 있었던 것이다.

"은행에서 돈을 빌렸는데 왜 또 돈의 요정이 생겼지? 애

들아, 쟤는 왜 생긴 거야?"

금리가 놀라 돈의 요정들에게 묻는 사이, 안경을 쓴 돈의 요정은 은행 밖으로 통통 튀어 나갔다.

"앗, 어디 가는 거야? 너희 집은 은행이잖아!"

금리는 얼떨결에 돈의 요정을 뒤쫓아 뛰었다. 안경을 쓴 돈의 요정과 안경을 쓴 금리의 술래잡기가 시작되었다. 돈의 요정은 몸에 용수철이 달린 것처럼 피융피융 빠르게 거리를 나아갔다.

"헉헉, 거기 서!"

열심히 움직이던 돈의 요정은 한 사람 앞에 멈춰 섰다. 조금 전에 은행에서 대출을 받은 손님이었다. 그는 친구에게 빌린 돈을 갚는 듯 돈을 건네고 있었다. 돈을 받은 친구가 웃으며 인사하고 걸음을 옮기자, 돈의 요정은 이제 그 친구를 따라가기 시작했다.

"으악, 다 잡았다고 생각했는데 너 또 어디 가!"

부지런히 쫓아온 금리는 돈의 요정이 다시 움직이자 허탈하게 쳐다보고는 다시 따라 움직였다. 다행히 이번에는 많이 움직이지 않았다. 돈을 받은 친구가 근처 은행 안으로 들어갔기 때문이다. 금리도 은행 안으로 따라 들어갔다.

"후, 힘들었다. 이제 진짜 집으로 돌아가자, 돈의 요정아."

그때였다. 돈을 받은 친구가 은행 창구로 가 돈을 저금하자, 안경을 쓴 돈의 요정이 뽀옥 하는 소리와 함께 두 개로 나뉘었다. 그러더니 아주 작은 돈의 요정 하나가 또 생겼다.

"돈의 요정이 또 태어나고 있어."

작은 돈의 요정은 잠시 빛이 나더니 은행 벽 속으로 빨려 들어갔다.

"작은 돈의 요정은 또 금고로 갔네."

말을 마친 금리가 주위를 둘러보니 안경을 쓴 돈의 요정과 새롭게 태어난 돈의 요정 말고도 은행에는 돈의 요정들이 아주 많았다.

"할아버지가 그동안 눈에 안 보이던 돈이 어떻게 굴러가는지 보일 거라더니, 이제 조금 알겠어. 눈에 보이고 만질 수 있는 돈만 돈이라고 생각했는데 그게 아니었어."

금리는 은행 곳곳에서 통통 튀어 오르고 있는 돈의 요정들을 보며 중얼거렸다.

"이 세상에는 지폐나 동전 말고도 돈의 요정들처럼 안 보이는 돈이 있었어."

금리의 말이 맞았다. 돈의 요정들은 만져지거나 보이지는 않았지만, 우리 경제에서 엄연히 존재하는 돈이었다. 돈의 요정들은 사람들이 은행에 돈을 맡길 때, 빌릴 때마다 새롭게 태어났고 일부는 금고 속으로 빨려 들어갔다.

"헉, 저게 뭐야?"

문 밖을 본 금리는 깜짝 놀라 밖으로 나왔다. 은행 밖에도 어느새 돈의 요정들이 가득했다. 그 수가 어찌나 많은지 거리를 뒤덮다 못해 바다에 발을 담근 것처럼 발목까지 차오를 정도였다.

"언제 이렇게 많아진 거지? 돈이 돌아다니니까 걷지를 못하겠어. 잠깐, 돈이 돌아다닌다? 할아버지가 말씀하신 게 이거였어. 돈의 원리! 돈의 집은 은행이 아니었던 거야!"

은행은 사람들이 맡긴 돈을 다른 사람들에게 빌려주며 보이지 않는 돈을 만들어 냈다. 그렇게 생겨난 돈은 이 은행에서 저 은행으로 다니면서 또 새로운 돈을 만들었다. 돈의 요정들은 이제 온 세상을 휘젓고 있었다.

"돈이 넘치는 세상이라는 게 이런 거구나."

금리가 황금빛 세상을 보면서 감탄하고 있을 때였다. 한 편의점의 유리창 너머에서 특이한 광경이 눈에 들어왔다.

"쟤들은 저기서 뭐하는 거야?"

자세히 보니 돈의 요정들은 분주하게 진열대를 오가면서 물건에 표시된 가격을 올리고 있었다.

"돈의 요정들이 물건 가격을 올리고 있잖아? 세상에나!"

돈의 요정들이 가격을 올리는 건 편의점에서만 일어나는 일이 아니었다. 어떤 돈의 요정은 버스나 택시에 올라타 교통비를 올리고 있었고, 다른 돈의 요정은 분식집에 들어가 떡볶이를 하나둘씩 뺏어 먹어서 양을 줄이고 있었다. 금리가 고개를 왼쪽으로 휙 돌리자 왼쪽 거리에 있던 옷 가게와 미용실의 가격이 올랐고, 고개를 오른쪽으로 휙 돌리자 오른쪽 거리에 있던 문구점과 영화관의 가격이 올랐다. 금리는 경악했다. 그야말로 무서운 가격 폭등의 시대였다.

"돈의 요정, 아니 돈이 많아지니까 물건의 가격들이 전부 올랐어……. 뉴스에서 은행이 **경제 위기**를 만든다고 한 게 이런 거 때문이었나 봐."

그때, 골목 끝에서 돈의 요정들이 파도처럼 밀려들었다.

"으악, 이러다가 휩쓸리겠어!"

금리는 돈의 요정들을 피해 눈앞에 있는 편의점 안으로 들어갔다. 하지만 돈의 요정들은 생각보다 강력했다.

편의점 문 안으로 쏟아져 들어온 돈의 요정들은 물건들과 함께 금리를 휩쓸었다. 금리는 손을 휘저어 마치 거품 위에 있는 것처럼 돈의 요정들 위로 둥둥 떠올랐다. 금리 주변에는 함께 휩쓸린 과자와 음료수 등이 가득했다.

"으앙, 이게 무슨 일이야. 나 이제 집으로 돌아갈래!"

코로나 19 후 경제 위기

물가가 오른 이유

코로나 19가 끝난 후 세계 각국은 인플레이션으로 몸살을 앓았어. 2021년 대한민국과 미국, 유럽 모두 소비자 물가 지수 상승률이 지난해 같은 시기에 비해 높아졌지.

왜 이런 현상이 일어났을까?

코로나 19 때 각국 정부가 위축된 경기를 살리기 위해 돈을 많이 공급했기 때문이야.

첫째, 코로나 19로 힘들어하는 개인과 기업을 위해 지원금을 주었어.

둘째, 금리를 낮추어 기업과 가게들이 돈을 쉽게 빌릴 수 있도록 했어.

셋째, 돈을 많이 찍어 내면서 돈의 가치가 떨어졌어.

결과적으로 물가가 계속 오르는 인플레이션이 발생한 거야.

코로나 19 이후 모든 정부는 물가를 안정시키기 위해 많은 노력을 해야만 했지.

금리는 몸을 지지할 물건을 잡으려고 손을 뻗었지만, 아무것도 손에 잡히지 않았다. 이대로라면 파도 속에 가라앉을 것 같았다.

"어떡해. 아무것도 손에 안 닿아. 이득아, 나 좀 도와줘!"

그때였다. 허공에서 한 남자아이의 모습이 나타났다. 남자아이는 금리를 향해 손을 뻗고 있었다.

"누나, 이게 뭐야! 일단 내 손 잡아. 내가 도와줄게!"

바로 새하얀 세상에 갇혀 있던 이득이었다. 금리는 위험한 상황에 빠지자 자기도 모르게 동생 이득이의 존재를 떠올렸다. 그 덕분에 이득이의 모습이 금리에게 잠시 나타날 수 있었던 것이다. 이득이는 누나가 왜 이런 곳에 있는지, 자신이 어떻게 누나를 볼 수 있는지 알 수 없었지만, 누나가 위기에 빠진 걸 보고 재빠르게 손을 내밀었다. 누군지는 잘 모르겠지만 도와준다는 말에 금리는 급하게 손을 뻗었다. 하지만 금리가 파도에 휩쓸려 자꾸 움직이는 탓에 손이 닿지 않았다.

"누나, 손 좀 제대로 뻗어 봐. 팔이 왜 이렇게 짧아?"

그 말에 금리는 어쩐지 열이 받아 주변에 떠다니는 길쭉한 물건을 아무거나 잡고 이득이에게 뻗으며 외쳤다. 그 물건은 편의점 소시지였다.

"내 팔이 짧다고? 너보다 길거든. 자기 팔은 티라노사우루스처럼 짧으면서 누나한테 그게 무슨 말이야! 어라, 누나? 맞아. 나 동생이 있었어. 넌 내 동생이잖아. 이득아!"

금리가 이득이를 떠올리고 금리가 건넨 소시지가 이득이의 손에 닿는 순간, 금리의 얼굴에서 안경이 툭 떨어졌다. 곧이어 뽀옥 하는 소리가 나더니 돈의 요정들이 사라지기 시작했다.

"누나!"

이득이가 금리를 향해 외쳤다. 욕조에 가득 찼던 물이 빠지듯 돈의 요정들이 좌아악- 가라앉으며 솟아올랐던 물건들이 바닥으로 떨어지기 시작했다. 한없이 올랐던 물건 가격도 롤러코스터처럼 숫자가 내려갔다. 마치 온 세계가 엘리베이터를 타고 하늘 높이 올라가다가 빠르게 곤두박질치는 것 같았다. 금리도 빠른 속도로 떨어졌다. 그리고 떨어질수록 이득이에 대한 기억도 점차 사라지기 시작했다.

"으아악! 엄마, 아빠, 조지 워싱턴 할아버지!"

금리는 바닥에 닿기 직전에 눈을 질끈 감고 외쳤다.

쿵!

"눈 떠 봐요, 금리 학생."

금리가 슬며시 눈을 떠 보니 자본주의 편의점 할아버지의 얼굴이 보였다. 금리는 벌떡 일어나 주변을 빙글 돌아보았다. 돈의 요정이 가득한 세계가 아닌 타다닥, 때댕! 돈 소리가 나고, 한쪽에서는 동전들이 폭포수처럼 떨어지는 자본주의 편의점 안이었다. 금리는 죽었다 살아난 듯한 표정으로 할아버지를 보며 말했다.

"휴, 다행이다. 할아버지, 이번 모험 정말 무서웠어요. 저 눈에 안 보이는 돈, 돈의 요정들을 봤어요. 세상에서 돈이 어떻게 굴러는지가 보이더라고요. 그런데 돈의 요정들이 좀 이상했어요. 은행에 누군가 돈을 맡겨도 생기고 돈을 빌려 가도 생겼어요. 그렇게 많아진 돈의 요정들이 물건 가격을 올리고 떡볶이도 뺏어 먹고……."

　돈의 요정들이 만든 파도에 휩쓸렸던 기억이 났는지 금리가 몸서리치며 말을 쏟아 냈다. 할아버지는 금리의 말에 미소를 지었다.

"금리 학생, 은행은 누군가 돈을 맡기면 정해진 지급 준비율만큼의 돈만 준비금으로 남기고 나머지 돈은 다른 사람들에게 빌려줘요. 동전이 10개가 있다면 1개만 금고에 넣어 두고 9개는 빌려주는 거죠."

　금리는 깨달은 듯 입을 떡 벌리고 말했다.

"아! 그래서 그런 거였구나. 돈의 요정들이 생겨날 때마다 자꾸 작은 요정이 하나 생기는 거예요. 작은 요정은 그…… 준비금이어서 금고에 먼저 갔나 봐요."

"맞아요. 은행은 준비금을 제외한 돈을 다시 빌려주면서 보이지 않는 돈을 만드는 거죠. 돈이 많아지면 물가도 오르고요. 이걸 신용 창출이라고 불러요."

금리는 할아버지의 말에 얼굴을 찌푸리며 말했다.

"으, 어려워. 돈이 많은 세계는 저랑 안 맞나 봐요."

"하하. 금리 학생, 돈은 무한정 늘어나지 않아요. 돈의 양이 많아지는 시기가 지나면 돈의 양이 줄어드는 시기가 오죠. 파도처럼 높아지는가 하면 낮아지는 순간도 와요."

할아버지는 금리를 대견스럽다는 표정으로 바라보며 계속 말했다.

"그리고 금리 학생은 오늘 굉장한 일을 했어요. 눈에 보이지 않는 돈을 보았고, 또 지워진 것을 기억해 냈죠."

금리는 할아버지의 말에 눈을 꿈뻑거렸다.

"이런, 떨어질 때 충격이 컸나 보군요."

할아버지는 금리의 말에 난처한 표정을 지었다. 원래 세계로 돌아오는 사이, 금리는 다시 이득이를 잊은 것이었다. 어리둥절해하는 금리를 보며 할아버지는 뭔가 알고 있는 듯 이내 웃으며 말했다.

"금리 학생이 기억한 것은…… 소시지예요."

금리는 할아버지의 말이 이해가 되지 않아 눈알만 데굴데굴 굴렸다.

'내가 소시지를 기억했다고? 무슨 말이지?'

금리는 할아버지를 바라보다가 말했다.

"제가 소시지를 먹은 적이 있나요? 돈에 휩쓸려 다니느라 아무것도 기억이 안 나요. 근데 소시지 얘기하니까 갑자기 소시지가 먹고 싶은데……. 혹시 신상 소시지 있나요?"

그런 금리를 보며 할아버지가 씨익 웃었다.

"아쉽지만 신상 소시지는 다른 손님에게 갔답니다."

"에잇, 신상은 내가 제일 먼저 먹어야 되는데! 누가 벌써 사 갔대요? 그럼 이제 집에 가서 유튜브나 봐야겠어요. 오늘 돈의 요정들을 따라다니느라 피곤했거든요. 할아버지, 안녕히 계세요."

금리는 할아버지에게 인사하고는 문을 열고 편의점 밖으로 나갔다. 할아버지는 금리의 뒷모습을 바라보다가 작게 말했다.

"금리 학생, 신상 소시지는 이득 학생에게 갔답니다."

할아버지의 말에 호응하듯 뒤에서 작은 빛이 반짝였다.

바로 돈의 요정이었다. 돈의 요정은 할아버지의 어깨 위에서 통통 튀어 오르며 반짝이고 있었다. 할아버지가 계산대의 화면을 만지자 그곳에는 새하얀 세상에서 금리가 건넨 소시지를 들고 있는 이득이의 모습이 보였다.

"후후. 누나가 준 기회가 이득 학생에게 도움이 되어야 할 텐데……."

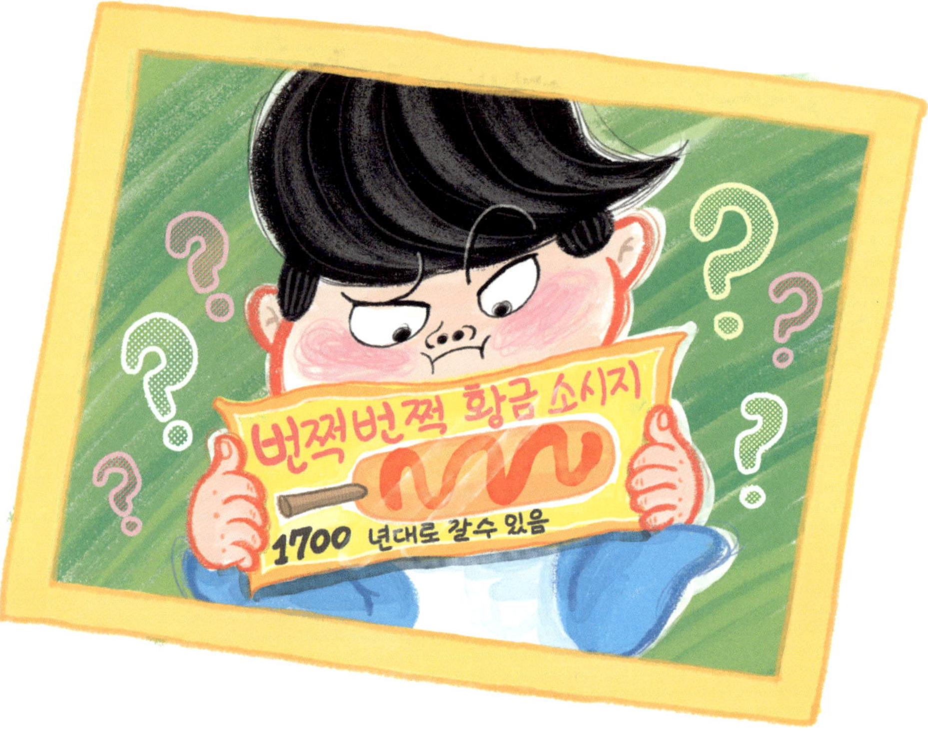
번쩍번쩍 황금 소시지
1700 년대로 갈수 있음

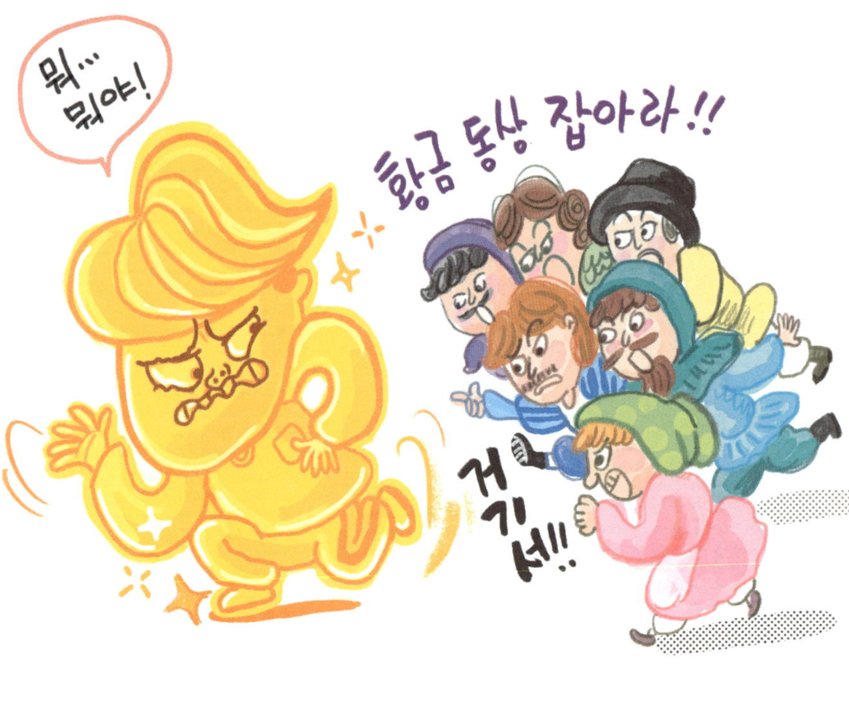
뭐… 뭐야!
황금 동상 잡아라!!
거기 서!!

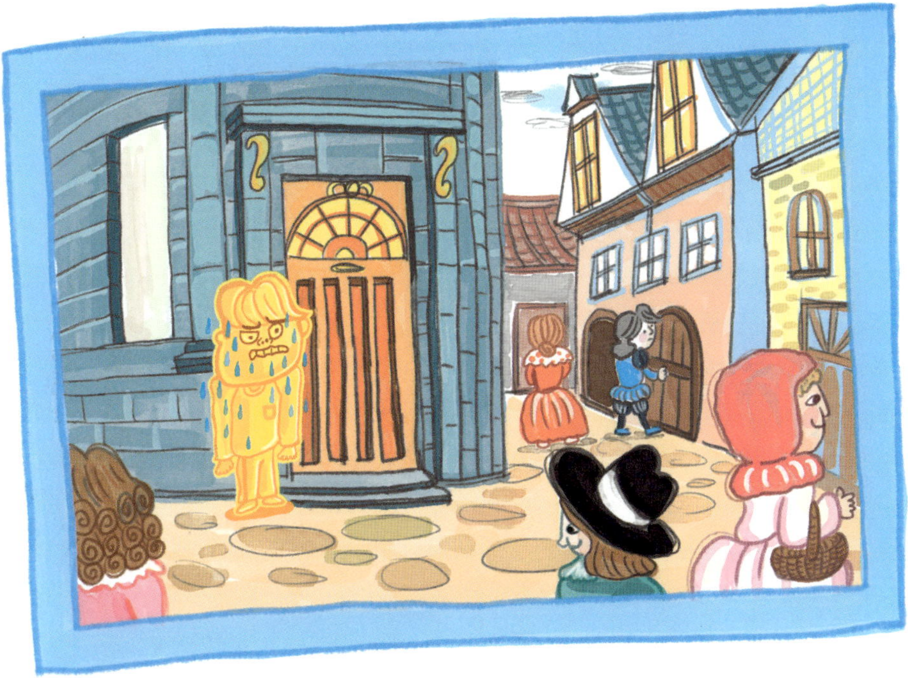

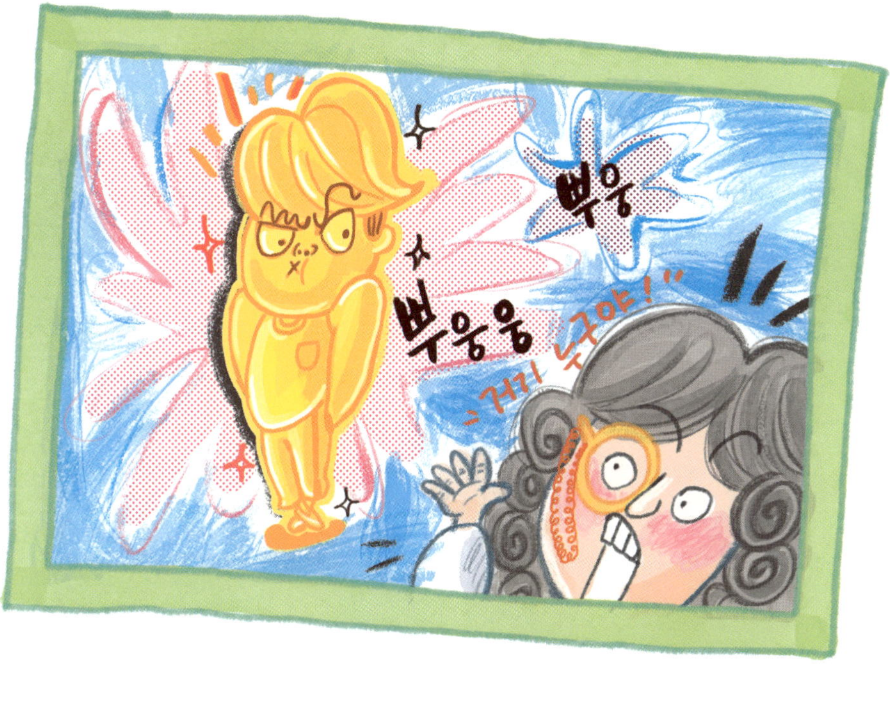

내 금 돌려줘!

"나한테 왜 이런 시련이 닥친 거야. 신이시여! 도와주시옵소서!"

새하얀 세상, 손에 소시지를 든 한 남자아이가 무릎을 꿇고 하늘을 향해 양팔을 벌리며 외쳤다. 바로 고이득이었다. 이득이는 금리를 놓치고 다시 새하얀 세상으로 돌아왔지만, 표정은 절망스럽지 않았다. 오히려 어딘가 희망이 가득한 얼굴이었다. 방금 전 금리를 만나고 와서 깨달은 게 있기 때문이었다.

"내 마음대로 왔다 갔다 할 수는 없지만 원래 세계로 갈 수 있는 방법이 있는 건 분명해."

처음에는 새하얀 세상에 갇혔다고 생각했는데 무슨 이유에서인지 원래 세계로 잠깐씩 돌아갈 수가 있었다. 이득이가 돌아간 일은 딱 3번 있었다.

처음은 이득이의 단짝 친구 하라 덕분이었다. 학원 복도를 걷던 하라는 선생님이 사무실에서 복사기를 사용하는 모습을 보고 웃으며 중얼거렸다.

"이득이도 예전에 프린터로 돈 복사한 적 있는데. 크크."

그 순간 이득이는 원래 세계로 잠깐 왔었다. 그러나 하라가 금세 이득이를 잊고 수찬이와 다른 이야기를 하면서 이득이는 연기처럼 사라져 버렸다.

두 번째로 현실 세계에 온 건 금리 덕분이었다. 금리가 이득이 방이었던 서재에서 이득이의 존재를 희미하게 기억해 냈기 때문이다. 이득이는 잠시 금리 앞에 모습을 드러냈지만, 금리가 자신을 알아보지 못하자 순식간에 새하얀 세상으로 돌아가 버렸다.

마지막으로 새하얀 세상에서 벗어난 건 돈의 요정들이 만든 파도로 금리가 위험에 처했을 때였다. 결국 금리를 놓치고 다시 새하얀 세상으로 돌아왔지만, 이득이의 눈은 황금처럼 반짝반짝 빛나고 있었다. 이번에는 손에 들고 온 것이 있었기 때문이다. 지금까지 이곳에 이득이 말고는 아무것도 없었는데 이제 이곳에는 이득이와 다른 세상에서 가져온 소시지가 있었다.

"나와 함께 여기로 온 거 보면 이 소시지에 뭔가가 있는 게 분명해!"

이득이는 소시지를 손에 들고 이리저리 돌려 보았다. 포장지에는 '번쩍번쩍 황금 소시지'라는 글자과 함께 숫자 '1700'이 적혀 있었다. 모양은 언뜻 평범해 보였지만 남다른 점이 하나 있었는데, 소시지가 황금처럼 엄청난 빛을 뿜어 낸다는 것이었다.

"이건……."

이득이는 소시지가 어딘가 낯이 익어 눈앞으로 바짝 가져와 유심히 쳐다봤다. 왠지 자본주의 편의점 진열대에서 본 적이 있는 것 같았다.

"에잇, 모르겠다. 일단 먹어 보자!"

이득이는 바로 포장지를 벗긴 후 소시지를 앙 베어 물었다. 번쩍번쩍 황금 소시지의 맛은 오묘했다. 꿀물처럼 달콤하면서도 치즈처럼 진하고 고소한 맛이 가득했는데, 뽀득뽀득한 소시지를 한 입 먹을 때마다 입속에서 오도독 황금빛 기운이 터지는 느낌이 들었다. 이득이가 몇 입 먹자 소시지는 흔적도 없이 사라졌다.

"으흠~. 몸이 저절로 움직이는 맛인걸."

맛있는 것을 먹고 기분이 잔뜩 좋아진 이득이는 엉덩이를 양옆으로 씰룩씰룩 흔들며 춤을 추었다. 눈을 감고 춤을 즐기던 이득이는 이내 정신이 번쩍 들어 춤추던 걸 멈췄다.
'이렇게 갇혀 있으면서 춤을 추다니. 난 바보인가 봐.'
민망해진 이득이는 눈을 번쩍 떴다. 그리고 자기도 모르게 큰 소리로 외쳤다.
"뭐야! 새하얀 세상이 아니잖아!"

이득이는 깜짝 놀라서 주변을 둘러보았다. 동화책에 나오는 성 같은 건축물이 곳곳에 세워져 있었다. 거리에는 자동차 대신 말들이 끄는 마차가 다니고, 사람들은 호박처럼 부푼 치마와 알록달록한 옷을 입고 챙이 넓은 모자를 쓰고 있었다.
"여기는 어디지? 사람들 옷은 왜 저래? 영화에서 봤던 옛날 유럽의 모습 같아. 혹시 영화 촬영장인가?"
그곳은 영국이었다. 이득이는 시간을 거슬러 1700년대의 영국으로 간 것이다. 이득이는 보지 못했지만, 소시지 포장지에 적혀 있던 '1700'이라는 숫자 옆에는 코딱지보다 작고 깨알보다 작은 글씨로 '년대로 갈 수 있음'이라고 써 있었다. 이득이가 당황한 표정으로 서 있던 그때였다. 지나가던 사람들이 이득이 쪽을 향해 큰 소리로 외쳤다.
"황금이다. 커다란 황금이 나타났다!"

"그리스 로마 신화에 나오는 **미다스**의 황금 동상 같아! 저것만 잡으면 부자가 되겠어."

목소리가 길에 울려 퍼지자, 오고 가던 사람들이 하나둘 이득이를 발견하고 이득이를 향해 뛰어오기 시작했다.

"으악, 저한테 왜 오시는 거예요? 여기 영화 촬영장이 아닌가 봐!"

심지어 손을 뻗으며 달려오는 사람들의 모습에 이득이는 덜컥 겁이 나서 걸음아 나 살려라 도망쳤다. 사람들은 이득이를 잡기 위해 안간힘을 쓰며 더 빨리 뛰었다.

"황금 동상아, 거기 서! 움직이는 황금 동상 잡아라!"

"네? 황금 동상이요? 어디요? 움직이는 황금 동상이라니, 설마 나 말하는 거야?"

이득이는 빨리 뛰느라 앞뒤로 열심히 휘두르고 있던 손을 보았다. 그리고 시선을 내려 발을 보았다. 분명 자신의 팔다리인데 말랑말랑한 피부 대신 단단하고 빛나는 황금으로 되어 있었다.

"으악, 정말 황금 동상이잖아! 내가 황금 동상이 되다니. 분명 번쩍번쩍 황금 소시지 때문인 게 분명해!"

이득이의 추리가 맞았다. 이득이는 소시지를 먹고 번쩍번쩍 빛나는 황금 동상이 된 것이었다. 이득이는 사람들에게 잡히지 않기 위해 전속력으로 달려야만 했다.

"이득이 살려!"

이 골목에서 저 골목으로, 저 골목에서 이 골목으로 한참을 달리던 이득이는 마침 대문이 열려 있던 커다란 저택을 발견하고 마당으로 뛰어 들어갔다.

"헉헉. 여기까지 들어오지는 않겠지."

문 뒤에 쭈그리고 앉은 이득이는 숨을 고르며 마당을 훑어봤다. 마당에는 잔디가 깔려 있고 예쁜 꽃이 심어져 있었다. 가운데에는 분수가 촤아- 물을 뿜으며 존재를 뽐내고 있었다. 그 순간, 문 밖에서 인기척이 났다.

"여기까지 쫓아온 거야? 숨을 곳도 없는데 어떡하지."

도망칠 곳을 찾아 두리번거리던 이득이의 시선이 멈춘 곳은 저택의 현관문이었다. 웅장한 문 양옆으로는 장식품이 놓여 있어 멋을 더하고 있었다. 이득이는 번쩍 떠오르는 아이디어에 황금빛 이를 드러내며 환하게 웃었다.

"그래, 문 앞에 세워진 장식품인 척하자!"

이득이는 곧바로 저택 앞으로 뛰어가 장식품 옆에 서서 굳은 표정을 짓고 진짜 동상인 척 자세를 잡았다. 얼마 지나지 않아 한 무리의 사람들이 성큼성큼 마당을 가로질러 저택 앞으로 왔다. 이득이는 그들을 보고 눈이 동그래졌다.

미다스의 손
손이 닿는 모든 것을 황금으로!

미다스는 그리스 로마 신화에 나오는 소아시아의 왕이야.
어느 날, 미다스 왕은 술에 취한 노인을 정성스럽게 대접했어.

그 노인은 술의 신 디오니소스의 스승이었지. 디오니소스는 미다스 왕의 소원 하나를 들어주기로 해.

미다스 왕은 자신의 손이 닿는 모든 것이 황금으로 변하는 능력을 갖게 해 달라고 했어.

나뭇가지도, 조약돌도 미다스 왕이 만지면 모두 황금으로 변했지.

하지만 빵이나 포도주도 황금으로 변해 버리고
심지어 그가 딸을 만지자 딸도 황금으로 변했어.
미다스 왕은 먹을 수도 없고, 가족도 잃게 되었어.

미다스 왕은 결국 자신의 욕심을 후회하며
디오니소스에게 손을 원래대로 되돌려 달라고 부탁했어.
디오니소스는 그 말을 들어주었고,
미다스 왕은 원래의 삶으로 돌아갈 수 있었어.

지금은 무엇이든
손을 대기만 하면 성공하거나
돈을 버는 사람을 가리킬 때
사용하는 표현이기도 해.

'어라, 저 사람들은 아까 나를 쫓아온 사람들이 아니잖아?'

눈앞에 있는 사람들은 아까 거리에서 본 사람들과 전혀 다른 옷차림이었다. 깃털을 단 모자와 긴 망토에 보석 브로치까지 반짝반짝 화려한 옷을 입고 있었다.

'옷은 멋진데 다들 표정이 너무 무서워.'

멋진 옷과 달리 사람들은 몹시 화난 표정을 짓고 있었다. 한 남자가 문 앞에 장식품처럼 서 있는 이득이를 가리키면서 기가 차다는 듯 혀를 차며 말했다.

"쯧쯧. 공작님, 이것 좀 보세요. 우리가 맡긴 금으로 얼마나 돈을 많이 벌었으면 이렇게 호화스러운 황금 동상까지 세웠겠습니까?"

"백작님 말씀에 동의합니다. 공작님, 사기꾼 금세공업자를 당장 감옥에 넣어야 합니다!"

사람들은 이득이를 보며 억울하다는 듯 분통을 터뜨렸다. 그러자 공작이라고 불린 남자가 진정하라는 듯 손을 들더니 차분한 표정으로 말했다.

"우선 골드스미스를 만나보고 결정하죠."

공작의 말에 남자들은 고개를 끄덕인 후 저택 문을 쾅쾅 두드렸다. 그리고 큰 소리로 외쳤다.

"골드스미스, 이 문 여시오!"

문은 꿈쩍도 안 했다. 문을 두드리던 백작이 이득이에게 다가왔다. 그리고 위협적인 목소리로 외쳤다.

"문을 안 열면 이 황금 동상을 가져가서 불에다가 녹여 버릴 걸세. 당장 문 여시오!"

'안 돼! 불에 녹이면 난 죽는다고!'

동상인 척하던 이득이는 사람들의 말에 너무 놀라 소리를 지를 뻔했지만 꾹 참았다. 몸이 덜덜 떨리는 걸 가까스로 참고 있는데, 끼이익 문이 열렸다. 안에서 나온 사람은 한 아저씨였다. 평범한 외모와 달리 특이한 외알 안경을 쓴 아저씨는 이 저택의 주인이자 금세공업자인 골드스미스였다. 골드스미스는 몰려온 사람들을 보고 고개를 숙여 가볍게 인사하며 말했다.

"공작님, 백작님, 무슨 일이시죠?"

골드스미스의 인사에 백작은 기가 차다는 듯 화를 냈다.

"무슨 일이냐고요? 이 사기꾼 금세공업자 같으니. 골드스미스, 당신. 우리가 당신을 믿고 맡긴 금을 허락 없이 다른 사람들에게 빌려줬다는 말을 들었네!"

백작의 말에 사람들은 큰 소리로 맞장구를 쳤다.

"금을 몰래 빌려준 것도 모자라 실제로 자네가 가진 것보다 훨씬 더 많은 금 보관증을 발급했다고도 들었소."

"이 교활한 거짓말쟁이 같으니!"

사람들의 성난 얼굴과 외침에 골드스미스는 몹시 당황한 표정을 지었다. 사람들이 이 사실을 알고 찾아올 줄 전혀 예상하지 못한 듯했다. 골드스미스는 자신의 입장을 설명하기 시작했다.

"사기꾼이라니요. 저희 집안은 할아버지 때부터 사람들이 금을 맡기면 금화로 만드는 금세공업 일을 해 왔습니다. 맡긴 금을 그대로 전부 금화로 돌려준다는 믿음, 신뢰가 생명인 일이죠."

골드스미스는 사람들의 반응을 보더니 말을 이어갔다.

"금을 안전하게 보관할 수 있는 튼튼한 금고를 만들기 위해서는 큰 돈이 필요했습니다. 그래서 사람들이 맡긴 금을 먼저 좀 사용했습니다. 금은 곧 다시 채워 놓을 거고, 여러분이 금을 찾으실 때는 아무 문제없을 겁니다."

침묵을 지키던 공작이 골드스미스 앞으로 나왔다. 그리고 차가운 목소리로 응수했다.

"우리가 맡긴 금을 말도 없이 밖으로 빼돌려 이득을 취해 놓고서는 나중에 다시 채워 놓겠다, 그러니 문제없다, 이렇게 주장하는 건가?"

"공작님, 그게……."

골드스미스는 공작의 말에 우물쭈물 변명하려 했다. 하지만 공작은 손을 들어 골드스미스의 말을 끊었다. 그리고 품에서 리본으로 묶인 종이 뭉치를 꺼냈다.

"골드스미스, 신뢰가 사라졌기에 우리 계약은 끝났소. 지금 당장 내가 맡긴 금을 모두 돌려주시오."

공작이 꺼낸 건 바로 금 보관증이었다. 골드스미스는 금 보관증을 보고는 표정이 확 바뀌었다. 그리고 몹시 당황해서 목이 메인 목소리로 말했다.

"이 보관증에 적힌 금을 전부 당장 돌려달라는 말씀이십니까?"

골드스미스의 질문에 공작은 고개를 끄덕였다. 골드스미스의 얼굴이 백지장처럼 새하얘졌다. 공작의 행동을 보던 다른 사람들도 품에서 금 보관증을 꺼냈다.

"내 금도 모두 돌려주시오."

"나도 더 이상 자네를 못 믿겠소. 내 금도 전부 주시오."

골드스미스는 울상을 지으며 말했다.

"그건 불가능합니다."

그러나 사람들은 금 보관증을 내민 손을 거두지 않았다. 오히려 그의 코앞까지 보관증을 들이밀며 요구했다. 골드스미스는 사람들이 내미는 금 보관증을 보다가 결심한 듯 한걸음 뒤로 물러섰다. 그리고 바닥에 무릎을 꿇었다.

'엥, 무릎을 꿇어? 설마 한 번만 봐달라고 빌려는 건가?'

이득이의 생각이 맞았다. 골드스미스는 사람들 앞에 무릎을 꿇은 후 두 손을 비비며 빌었다. 그리고 간절한 목소리로 말했다.

"이렇게 한꺼번에 몰려와서 맡긴 금을 전부 돌려달라고 하시면 저는 파산합니다. 한 번만 봐주세요. 제발요."

골드스미스의 말을 듣던 이득이는 문득 얼마전에 다녀온 세상에서 은행이 연달아 터지던 게 생각났다.

'이거 그거네, 뱅크런! 근데 여기는 **은행**이 아닌데 이것도 뱅크런인가?'

이득이는 동상인 척하던 것도 잊고 눈을 동그랗게 떴다.

"내일까지 이 금 보관증의 금을 전부 돌려주지 않으면 약속을 어긴 것으로 알고 자네를 고발하겠네."

공작은 냉정하게 말한 후 몸을 돌려 자리를 떠났다. 그와 함께 왔던 사람들도 공작을 따라 자리를 떴다. 골드스미스는 충격을 받은 듯 혼자 남아 바닥에 주저앉은 채 한참을 있었다. 금세공업자 인생에서 가장 큰 위기의 순간이었다. 그리고 여기 큰 문제를 직면한 또 다른 사람이 있었다. 이득이는 배가 부글부글하며 방귀가 나오려고 하는 걸 느꼈다. 그러나 동상인 척하고 있는데 방귀를 뀔 수는 없었다.

'방귀가 나올 거 같아. 이러다가 뱅크런이 아니라 방귀런 되겠어. 안 돼, 여기서 뿡 하면 다 들킨다고! 참아야 하는데. 아악, 못 참겠어!'

뿌웅~ 뿌웅~ 뿡뿡루 뿡뿡뿡뿡.

이득이의 엉덩이에서 방귀 소리가 요란스럽게 터져 나왔다. 골드스미스는 갑자기 방귀 소리가 들리자 깜짝 놀라 소리쳤다.

"누구야, 누구! 어? 근데 이런 동상이 우리 집에 있었나?"

골드스미스는 주변을 두리번거리다가 문 옆에 있는 이득이를 쳐다봤다. 정체를 들킨 이득이는 골드스미스를 보며 멋쩍게 웃었다.

"하하……. 방귀 뀌어서 죄송합니다."

"으악, 황금 동상이 말하고 방귀를 뀌고 움직이기까지 하잖아? 오, 세상에! 맙소사!"

골드스미스는 이득이가 움직이는 것에 경악했지만 그것도 잠시, 벌떡 일어나 이득이에게 다가왔다. 그리고 외알 안경 너머로 눈빛을 반짝이며 이득이를 주의 깊게 살펴보기 시작했다.

중앙은행의 설립
중앙은행은 언제부터 있었을까?

16세기 영국에서는 금이 돈이었어. 금세공업자는 금을 가벼운 금화로 만들고 금고를 만들어서 보관했어.

사람들은 안전한 금고가 있는 금세공업자에게 금을 맡겼고 그 약속으로 금 보관증을 받아 갔지.

금세공업자는 사람들이 맡긴 금을 필요한 사람에게 빌려주며 이자를 받기 시작했어.

사람들이 한꺼번에 금을 찾으러 오지 않는군.

욕심이 생긴 금세공업자는 더 많은 금 보관증을 만들며 금고에 없는 금까지도 사람들에게 빌려주고 더 많은 이자를 벌었어.

금세공업자가, 맡긴 금을 다른 사람들에게 빌려주고 금고에 있는 금보다 더 많은 금 보관증을 만들어 낸다는 것을 알게 된 사람들은 불안감에 맡긴 금을 모두 찾아가기 시작했어.

뱅크 런이 일어난 거야!

영국 왕실이 보증하겠습니다.

영국 왕실은 금세공업자가 금 보관증을 계속 발행할 수 있도록 허락해 줬어. 그리고 정부가 이를 보증하겠다고 했지.

금세공업자는 영국 왕실의 보증으로 더 많은 금 보관증을 만들어서 사람들에게 빌려주고 이자를 받는 새로운 금융 시스템을 만들었어.

이것이 최초의 중앙은행이라고 평가받는 '잉글랜드은행(영란은행)'의 설립으로 이어졌어.

금고에 있는 금보다 더 많은 금 보관증을 찍어 낸 금세공업자, 은행의 시작이라고 할 수 있지.

"아무리 봐도 금이 맞아. 머리카락부터 발끝까지 불순물이 없는 진한 노란빛인 게 이 정도면 순금이 거의 99% 이상일 거야. 가격이 엄청나겠어."

이득이는 자신을 요리조리 보며 분석하는 골드스미스가 어쩐지 무서워서 한걸음 뒤로 물러서며 급하게 말했다.

"저는 금이 아니에요. 사람, 어린이라고요!"

이득이의 말에 골드스미스는 놀란 표정을 지었다. 그러더니 이득이의 얼굴을 다시 살펴보았다. 금으로 만들어져서 샛노랗고 단단한 것 빼고는 사람의 얼굴이 맞았다. 금세공업자는 친절한 미소를 지으며 말했다.

"다시 보니 어린이가 맞구나. 기분 나빴다면 미안하다. 근데 내 생각에는 네가 우리 집에 있는 게 가장 안전할 것 같구나. 넌 황금 동상이잖니. 사람들이 널 보면 금화로 만들거나 금괴로 만들고 싶어할 거야. 하지만 난 그럴 생각이 없단다. 난 금이 많거든."

골드스미스의 말에 이득이는 아까 거리에서 자신을 쫓아오던 사람들이 생각나 몸을 부르르 떨었다. 골드스미스는 문을 열고 저택 안으로 들어가더니 이득이에게 따라오라는 듯 손짓했다. 이득이는 잠시 망설였다.

'이 아저씨, 아까 금 돌려달라고 찾아온 사람들에게 줄 금을 만들려고 나를 녹이는 건 아니겠지? 흠……. 그래, 밖에 나가면 또 사람들한테 쫓길 거야. 일단 집 안으로 들어가자.'

고민을 끝낸 이득이는 골드스미스를 따라 저택 안으로 들어섰다. 화려한 카펫, 커다란 도자기, 여신을 본떠 만든 듯한 대리석 조각까지. 미술관이나 박물관을 방불케 하는 거실이었다.

"와, 거실이 엄청나요."

이득이는 거실을 둘러보며 감탄했다. 골드스미스는 이득이를 보고 씨익 웃으며 말했다.

"이 정도야 뭐. 진짜 멋진 건 지하에 있거든. 따라오렴."

골드스미스는 이득이를 데리고 서재로 들어갔다. 서재에 있는 여러 개의 책장 중 한 책장을 옆으로 밀자 뒤에 숨어 있던 커다란 나무문이 나타났다.

"비밀 문이다!"

이득이는 입이 떡 하고 벌어졌다. 골드스미스는 주머니에서 열쇠를 꺼내 나무문을 열며 말했다.

"하하. 맞아, 비밀 문. 나만 아는 곳인데 네가 황금 동상이어서 보여 주는 거야. 나는 금을 아주 좋아하거든."

문을 열자 지하로 내려가는 나선형 계단이 나타났다. 계단을 따라 빙글빙글 내려갈수록 점점 어두워져 지하에 도착했을 때는 아무것도 보이지 않을 정도였다. 골드스미스는 어둠 속에서 익숙한 듯 램프를 찾아 불을 켰다. 램프를 켜자 보이는 동굴만큼 큰 금고에 이득이는 깜짝 놀랐다.

"우와, 이렇게 엄청 큰 금고는 처음 봐요. 신기해!"

골드스미스는 금고를 보고 놀라는 이득이를 보고는 흡족한 표정을 지으며 말했다.

"이 안을 보면 더 놀라게 될걸."

골드스미스는 커다란 금고 손잡이를 잡고 이리저리 돌리며 잠금장치를 열었다.

끼이익.

금고 문이 열리자, 그 안에는 황금! 엄청난 양의 황금이 있었다. 바위처럼 큰 황금부터 벽돌만 한 금괴, 작고 동그란 금화, 금반지와 금귀걸이까지. 황금으로 된 것들이 산처럼 쌓여 있었다. 골드스미스는 이득이를 바라보며 얘기했다.

"엄청나지? 왕이 사는 궁전보다도 여기에 더 많은 황금이 있단다."

황금을 구경하던 이득이는 뿌듯한 표정을 짓고 있는 골드스미스에게 물었다.

"진짜 많네요. 근데 왜 아까 금을 찾으러 온 사람들한테 못 준다고 하신 거예요?"

골드스미스의 얼굴이 순식간에 우울해졌다.

"여기 있는 건 내 금이 아니란다. 난 사람들의 금을 맡아 주고, 나중에 찾으러 왔을 때 돌려주는 일을 할 뿐이지."

"아하, **은행** 같은 곳이군요. 아니지, 여긴 금이니까 금행이라고 해야 하나? 크크."

골드스미스는 이득이 말에 고개를 갸웃했다.

"은행? 나랑 비슷한 일을 하는 사람인가 보지? 우리 집안은 대대로 금을 맡아 주는 일을 했단다. 튼튼한 금고까지 만들어서 1700년대 최고의 금세공업자, 최고의 부자는 내가 될 줄 알았는데, 이제는 최고의 빚쟁이가 되게 생겼어."

이득이는 속상해하는 골드스미스의 말에 팔짱을 끼고는 고개를 절레절레 저었다.

"아저씨, 사람들이 맡긴 금을 다른 사람들한테 막 빌려줬다면서요. 남의 물건인데 함부로 빌려주면 안 되죠."

"나도 처음부터 그랬던 건 아니야. 사람들이 내게 금을 맡기면 금고에 잘 보관하고 있다가 금을 찾으러 왔을 때 그대로 돌려줬어. 하지만 가만 보니, 금고에서 금이 다 없어지는 일은 없더구나. 누군가 금을 찾아가면 또 다른 누군가 와서 금을 맡겼어. 금은 금고에 늘 넘쳤지. 그래서 다른 사람들한테 빌려준 건데……."

은행의 이름

왜 금행이 아니라 은행일까?

한 나라에서 사용하는 화폐를 '본위 화폐'라고 하고, 이 화폐의 가치를 정하는 제도를 '본위 제도'라고 해.

옛날에 미국이나 유럽에서는 금으로 화폐의 가치를 계산했어.

우리나라나 중국, 일본 같은 동아시아에서는 금보다 은이 흔했기 때문에 은으로 화폐의 가치를 계산했어.

그리고 은 본위제였던 일본에서 최초로 은행을 만들 때 'bank'를 '은행'이라고 번역했어.
'은' 본위제를 사용했기 때문에 '은'행이라고 한 거야.

 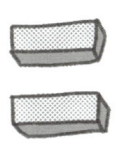 

우리나라에 은행이 처음 생긴 건
19세기 말 대한 제국 시기였어.
그때 일본식 표현인
'은행'이라는 말을 쓰기 시작해서
지금까지 계속 사용하고 있어.

이득이는 여전히 고개를 절레절레 저었다.
"하지만 사람들이 언제 와서 금을 찾아갈지 모르잖아요."
"맞아, 내가 욕심을 부렸어. 하지만 이 세상에 금을 필요로 하는 사람이 얼마나 많은데 금고 안에만 갇혀 있기에는 너무 아깝잖니. 어차피 어느 정도의 금만 보관하고 있으면 찾으러 오는 사람에게 돌려주는 데는 문제가 없으니 말이다. 그런데 이렇게 한꺼번에 와서 돌려달라는 일이 생길 줄이야."

지하보다 더 깊이 땅굴을 파고 들어갈 것 같은 표정의 골드스미스를 보고 이득이는 금고를 가리키며 말했다.
"일단 여기 있는 금들 전부 다 내주면 안 되나요? 충분할 것 같은데."

골드스미스는 고개를 저으며 모자라다고 말했다. 그러더니 이득이를 보고 어색하게 웃으며 말했다.
"혹시 네 몸에서 금을 좀 떼어 준다면 내가 금을 갚는데 도움이 될 것 같은데…… 머리카락이라거나……."
"당연히 안 돼요!"

이득이는 골드스미스의 말에 화들짝 놀라서 소리쳤다. 그 순간이었다. 어딘가에서 딸랑딸랑 종소리가 울렸다. 손님이 찾아왔다고 하인이 급하게 종을 울린 것이었다. 종소리를 들은 금세공업자는 혼잣말을 했다.

"또 금 보관증을 가지고 온 사람이겠지. 금을 돌려달라고. 내 멸망이 다가오고 있구나."

골드스미스는 이득이와 함께 금고 밖으로 나왔다. 금고를 잠그고 나선형 계단을 올라 서재로 돌아온 그는 책장을 제자리로 돌려놓은 뒤 서둘러 응접실로 향했다. 응접실에는 손님이 먼저 도착해 소파에 앉은 채 무언가 생각하는 듯 고개를 숙이고 있었다. 응접실에 도착한 골드스미스는 손님의 얼굴을 확인하더니 바닥에 털썩 무릎을 꿇고 고개를 조아렸다.

'금 찾으러 온 사람이 맞나 봐. 이번에도 무릎 꿇고 빌려고 그러시나?'

뒤따라 들어온 이득이는 골드스미스 뒤에 서며 생각했다. 하지만 이어진 골드스미스의 말에 이득이도 놀랄 수밖에 없었다.

"폐하, 이렇게 누추한 곳에 와 주시다니 소인 영광이옵니다."

'폐하? 폐하라면 왕? 왕이 왔다고?'

이득이는 놀라 동상처럼 굳었다. 소파에 앉아 있던 왕은 골드스미스의 인사에 고개를 들었다. 이득이는 또다시 놀라고 말했다.

'조지 워싱턴 할아버지?'

1700년대 영국의 왕은 자본주의 편의점 할아버지와 너무나도 닮았기 때문이었다. 뽀글뽀글 은빛 파마머리에 하얗고 주름진 얼굴이 쌍둥이라고 해도 믿을 정도였다. 하지만 자본주의 편의점 할아버지의 친절한 인상과 달리 무표정한 왕의 얼굴은 차가웠다. 그는 골드스미스의 인사를 받고도 한참 동안 아무런 말을 하지 않았다.

'너무 무서워. 자동 황금 동상 모드다.'

이득이는 왕의 눈빛이 무서워서 꽁꽁 얼어붙은 것처럼 꼼짝도 할 수 없었다. 응접실에 내려앉은 긴 침묵을 깨고 골드스미스가 왕에게 다시 말을 걸었다.

"폐하, 이 누추한 금세공업자의 집에는 무슨 일로 오셨나이까? 부르시면 언제든 성으로 갔을 텐데 말입니다."

골드스미스의 말이 끝나자 왕은 거만한 얼굴로 말했다.

"골드스미스, 당신에게 제안할 게 있소."

"제안이라면……."

"자네가 영국에서 금을 가장 많이 가지고 있다고 하더군."

왕의 말에 골드스미스는 고개를 숙인 채 다음 말을 기다렸다. 이득이는 속으로 생각했다.

'그거 골드스미스 아저씨 금 아닌데.'

왕은 뜸을 들인 후 마저 말했다.

"그 금들, 나에게 다 넘겨 주게."

골드스미스는 깜짝 놀라서 고개를 획 들고 왕을 쳐다봤다. 그리고 왕과 눈이 마주치자 다시 고개를 숙이고 말했다.

"폐하, 무슨 일로 그러시는지 모르겠지만 그건 불가능합니다."

"불가능하다고? 나는 이 나라의 안전을 위해 긴 전쟁을 치렀다네. 자네와 같은 백성들의 자유와 재산을 지키기 위해서였네. 금보다 훨씬 값진 것을 말이지. 그런데 자네는 감히 불가능하다 답하는 것인가?"

싸늘한 왕의 말에 골드스미스는 더욱 머리를 조아리며 대답했다.

"폐하, 긴 전쟁 끝에 승리하셨음을 그리고 덕분에 제가 안전하게 생활할 수 있음을 잘 압니다. 이 금이 전부 제 재산이라면 폐하께 모두 드려 충성심을 증명하고 싶은 마음이 굴뚝 같으나, 금고에 있는 금은 제 것이 아니라 다른 사람들이 맡긴 금입니다."

"그것이 변명이 아니어야 할 것이야."

왕이 불편한 심기를 드러내며 말했다. 엎드린 골드스미

스는 몰랐지만, 왕의 얼굴은 점점 울그락불그락해지고 있었다.

'왕은 골드스미스 아저씨 말을 변명이라고 생각하나 봐. 하지만 아저씨는 진짜로 금을 줄 수 없는 상황이잖아.'

두 사람을 지켜보던 이득이는 번쩍 하고 아이디어가 떠올랐다. 이득이는 소리 내어 말했다.

"폐하!"

왕은 깜짝 놀라 벌떡 일어서더니 주변을 두리번거렸다. 골드스미스와 둘이 있다고 생각했는데 어디선가 어린아이의 목소리가 들렸기 때문이다. 골드스미스는 사색이 된 표정으로 고개를 돌려 이득이를 바라봤다. 그러나 이득이는 말을 이어 갔다.

"저는 진실을 말하는 황금 동상입니다. 골드스미스의 말은 모두 사실입니다."

왕은 이득이를 보고 놀라 눈이 커졌지만 금방 이성을 찾았다.

"이건 어떤 장치지?"

"장치가 아닙니다. 저는 진실을 말하는 황금 동상입니다."

"허, 황금 동상이 말을 하다니!"

왕이 다시 놀라자 이득이는 기회를 놓치지 않고 말했다.

"맞습니다. 저는 말도 하고 움직이기도 하죠. 저는 특별한 힘을 가지고 있기 때문입니다. 거짓말을 구분해 내는 힘도 가지고 있어요. 여기 있는 골드스미스가 한 말은 모두 사실입니다."

이득이를 이상하다는 듯 쳐다보던 왕은 내용을 듣더니 더 말해 보라는 듯 고개를 끄덕였다.

"골드스미스는 실제로 가지고 있는 금보다 더 많은 금 보관증을 찍어 내 사람들이 맡긴 금을 다른 사람들에게 빌려 줬습니다. 이 사실을 알게 된 금 주인들이 아까 찾아와 내일까지 맡긴 금을 전부 돌려달라고 했어요. 안 그러면 고발하겠다고요. 골드스미스는 사람들에게 신뢰를 완전히 잃은 상태입니다. 그래서 폐하께 금을 못 드리는 것이옵니다."

이득이의 말을 들은 왕은 잠시 생각하더니, 화가 조금 누그러진 듯한 표정으로 골드스미스에게 말했다.

"이 황금 동상의 말이 진실인가?"

"네, 목숨을 걸고 진실이옵니다."

왕은 골드스미스의 말에 고개를 끄덕이며 말했다.

"그렇다면 이렇게 합세. 자네가 잃은 신뢰를 왕실이 채워 주지. 앞으로 자네가 발급하는 금 보관증은 왕실이 보증하겠네. 금세공업자가 망해도 나라가 망하지 않는 한 금 보관증을 가지고 오면 왕실에서 금을 돌려주겠다고 말이지. 그러면 사람들이 안심할 것 아닌가."

말을 마친 왕은 골드스미스에게 뭔가를 달라는 손짓을 했다. 골드스미스는 손짓을 알아듣고는 응접실 한편에 있던 책상에서 종이와 펜을 꺼내 와 왕에게 내밀었다. 왕은 골드스미스가 가져온 종이에 글을 쓰더니 사인을 했다.

"자, 앞으로 'chartered'가 쓰인 금 보관증은 왕실에서 보증한다는 표시일세."

골드스미스는 마치 황금을 받은 것처럼 왕이 건네는 종이를 양손으로 소중히 받아 품에 넣었다. 그리고 왕을 향해 연신 인사를 했다.

"감사합니다. 영국 왕실에서 보증한다고 하면 이제 누구든 믿고 금을 맡길 것입니다."

왕은 고개를 끄덕이고는 자리에서 일어났다. 그리고 내일 금을 실어 갈 병력을 보내겠다고 얘기한 후 응접실에서 나갔다. 골드스미스는 왕을 배웅하기 위해 쫓아 나갔다. 응접실에 혼자 남은 이득이는 왕이 앉았던 자리를 보며 생각에 잠겼다.

"우와, 왕이 인정한 곳이 됐네. 그럼 이제 진짜 **은행**이 된 건가?"

그때였다. 골드스미스가 코트에 장갑까지 낀 상태로 다시 응접실로 돌아왔다.

"왕은 가셨어요? 아저씨는 어디 가세요?"

"폐하는 가셨단다. 난 아까 찾아왔던 공작님과 백작님을 찾아뵈러 갈 거다. 가서 사과를 드리고 왕실에서 금 보관증을 보증해 줬다는 걸 알릴 거야. 그리고 내일까지 금을 돌려 달라는 요구를 되돌릴 수는 없을지 부탁드려 봐야겠지. 왕실에서 보증했다고 하면 쉽게 봐주실 거야. 어쩌면 금을 더 맡길지도 모르지."

웃으면서 나갈 준비를 하던 골드스미스는 이득이를 보고 다급한 말투로 물어보았다.

"그리고 너, 폐하가 너도 내일 꼭 왕궁으로 싣고 오라고 하더구나. 진실을 말하는 황금 동상을 왕가의 보물로 잘 보관하겠다고. 너도 이왕이면 성에서 사는 게 좋지 않겠니?"

이득이는 못 들을 말을 들었다는 듯 고개를 강하게 흔들었다. 왕궁에 갔다가는 새하얀 세상에 갇혔던 것처럼 평생 못 나올지도 몰랐다.

"일단 나는 공작님과 백작님을 찾아뵈러 가야 해서 이제 나가 봐야 할 것 같구나. 내일은 네가 왕궁에 들어갈 수 있게 도와주마. 오늘은 여기서 편히 쉬고 있으렴."

은행의 역사

은행은 언제부터 있었을까?

세계에서 가장 오래된 은행은 지금까지 500년 넘게 운영 중이야.

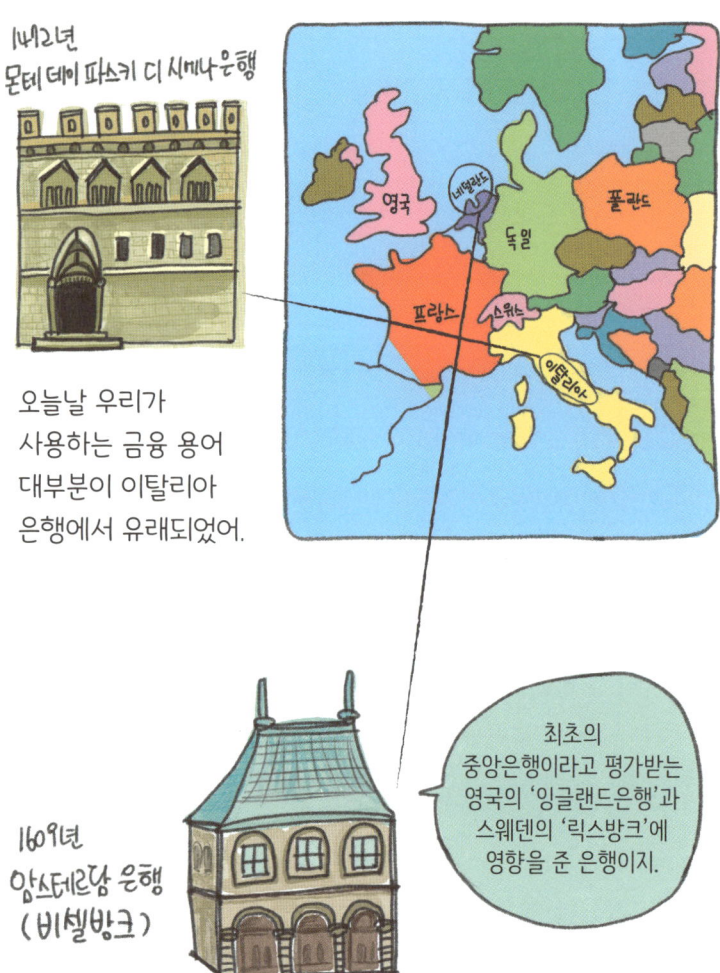

1462년
몬테 데이 파스키 디 시에나은행

오늘날 우리가 사용하는 금융 용어 대부분이 이탈리아 은행에서 유래되었어.

1609년
암스테르담 은행
(비셀방크)

최초의 중앙은행이라고 평가받는 영국의 '잉글랜드은행'과 스웨덴의 '릭스방크'에 영향을 준 은행이지.

이때까지만 해도 은행은 돈을 맡고 빌려주는 역할을 주로 했어. 지금처럼 계좌 이체와 화폐 발행 등의 업무를 하게 된 것은 네덜란드의 '암스테르담 은행(비셀방크)' 설립 이후야.

당시 네덜란드에서 사용되는 화폐의 종류는 약 1,000종이었다고 해.

암스테르담 은행은
각기 다른 화폐들의 가치를
평가해서 증서를 줬어.
상인들은 화폐가 없어도
그 증서를 이용해
거래를 할 수 있었지.
지금의 수표와 비슷한 거야.

하지만 큰 금액을 거래할 때는
반드시 화폐를 이용하도록 했어.

우리나라 중앙은행인 한국은행은 1950년에 설립되었어.
다른 나라에 비해 역사가 짧지만 많은 일을 해냈지.

골드스미스는 이득이를 두고 황급히 나갔다. 이득이는 왕이 앉았던 소파에 앉아 문득 왕의 얼굴을 떠올렸다.

'생각하면 할수록 자본주의 편의점 할아버지랑 닮았단 말이지.'

그때 공중에서 익숙한 목소리가 들렸다.

"이득 학생, 이제 원래 세계로 돌아갈 시간이네요. 이득 학생이 처음 먹은 건 불꽃 팝핑 초코볼이었죠? 지금 제일 가고 싶은 곳을 떠올려 보세요."

바로 왕, 아니 자본주의 편의점 할아버지의 목소리였다. 이득이는 할아버지의 말이 끝나자마자 외쳤다.

"자본주의 편의점! 집! 원래 내가 살던 세상이요!"

그 순간, 이득이의 몸에서 슈웅 하는 소리가 나더니 별이 폭발하는 것처럼 엄청난 황금빛이 뿜어져 나왔다. 이득이는 몸에서 터져 나오는 빛을 보며 눈을 감았다.

'이제 진짜 돌아가는 거야!'

이득이가 눈을 뜬 곳은 편의점 계산대 앞이었다.

'돌아왔나?'

이득이는 다시 눈을 꾸욱 감았다가 떴다. 원래 세계로 돌아온 게 믿기지 않았기 때문이다. 이곳은 아무것도 없고, 아무 소리도 들리지 않던 새하얀 공간이 아니었다. 지폐가 나풀거리며 떨어지고, 땡그랑! 때댕! 동전 떨어지는 소리와 돈통 닫는 소리가 울려 퍼지는 자본주의 편의점이었다. 이득이는 원래 세계로 돌아온 것을 확인한 후 자신의 팔과 다리도 살펴보았다. 번쩍이는 황금이 아니라, 말랑말랑한 몸으로 되돌아와 있었다. 원래 있던 세계로 돌아온 게 틀림없었다.

"만세!"

이득이는 신이 나서 큰 소리로 외쳤다. 계산대에 서 있던 할아버지는 그런 이득이를 보고 미소를 지었다. 이득이는 할아버지와 눈이 마주치자 그동안 고생했던 게 떠올랐는지 울먹였다. 할아버지는 인자한 표정으로 이득이의 머리를 쓰다듬었다.

"이득 학생, 혼자서 많이 무서웠죠. 고생 많았어요."

할아버지의 말에 이득이는 안심이 된 듯 울음이 터졌다. 한참을 울고 진정된 이득이를 본 할아버지는 씨익 웃으며 말했다.

"그래도 힘들기만 했던 건 아니죠?"

"음…… 네. 은행에 가서 사람들을 구하려고 여기저기 뛰어다니기도 하고, 옛날 유럽 같은 곳에 갔는데 거기는 은행

대신 어떤 아저씨가 있더라고요!"

할아버지는 잔뜩 흥분해서 말을 쏟아 내는 이득이를 보며 이야기했다.

"지금의 은행은 17세기 영국 사람들이 금세공업자에게 금을 보관하던 것에서 유래되었어요. 당시에는 지폐나 동전이 아니라 금 자체가 돈이었거든요."

이득이는 할아버지의 말에 골드스미스가 생각나 볼멘 목소리로 말했다.

"근데 할아버지, 제가 만난 금세공업자 아저씨는 남의 금을 막 썼다가 들켜서 사람들이 찾아오고 난리가 났었어요. 금을 함부로 다른 사람들에게 빌려줬다가 망할 뻔했죠."

할아버지는 이득이의 얼굴을 물끄러미 쳐다봤다.

"글쎄요. 하지만 그런 은행이 없었다면 지금의 은행도 없었을 거예요. 은행이 그렇게 금을 맡아 주고 빌려주고, 심지어 가진 금보다 더 많은 금 보관증을 찍어 내지 않았더라면 돈은 원래부터 돈이 많은 사람들에게만 흘러갔을 거예요."

이득이는 알쏭달쏭한 표정으로 할아버지를 쳐다봤다. 할아버지는 주변을 둘러보라는 듯 양팔을 벌렸다.

"우리 사회는 돈이 돌고 돌아야 하거든요. 기술은 있지만 돈이 없는 사람들에게 돈을 빌려주면 그 사람들은 그 돈으로 공장을 만들고 회사를 세울 수 있죠. 기술로 수많은 물건들이 만들어지고요. 그 모든 게 쌓이고 쌓여 지금 우리의 모습이 될 수 있었던 거예요."

이득이는 할아버지의 말을 듣고 주변을 둘러보았다. 자신이 있는 편의점부터 진열대에 있는 수많은 제품들, 사탕, 과자, 노트 그리고 장난감까지. 이득이는 고개를 끄덕이다가 별안간 입을 떡 벌렸다. 장난감을 보자 서재로 바뀐 자신의 방이 떠올랐기 때문이었다.

"악, 할아버지! 제 방이 서재로 변했었어요. 방이 없어졌다고요! 저 이제 가 볼게요. 안녕히 계세요!"

이득이는 할아버지가 잡을 새도 없이 편의점을 쏜살같이 뛰쳐나갔다.

끼이익, 쾅.

할아버지는 그런 이득이의 뒷모습을 웃으며 쳐다봤다.

"하하. 이득 학생의 방은 잘 있을 거예요."

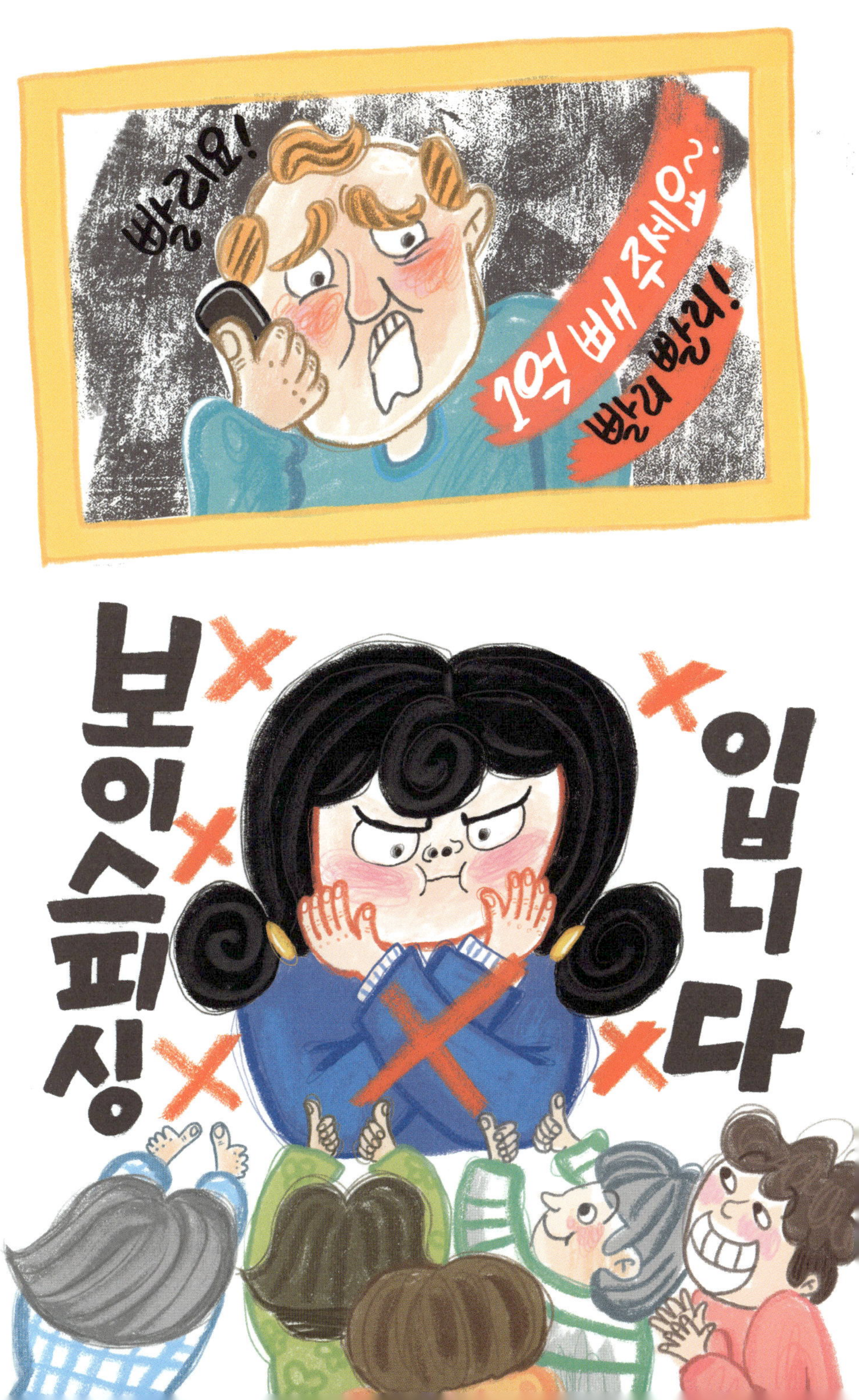
빨리요!
1억 빼 주세요~.
빨리 빨리!
보이스피싱 입니다

특명, 은행원 체험기

평화를 찾은 고금리, 고이득 남매의 집. 이득이가 가끔 자신의 방문 앞에서 "오늘도 잘 있군. 음하하."라며 소란스럽게 웃는 것만 빼면 이전과 다를 것 없는 날들이 이어졌다. 그러던 어느 날, 한 통의 전화로 평화롭던 일상이 흔들리기 시작했다.

"뭐라고요? 보이스 피싱이요?"

할머니가 보이스 피싱을 당한 것 같다고 엄마에게 전화한 것이다. 거실에서 텔레비전을 보던 금리는 갑자기 들린 큰 목소리에 화들짝 놀라 엄마가 서 있는 식탁 쪽을 바라보았다. 엄마는 수화기 너머로 얘기를 한참 듣더니 안타깝다는 표정으로 외쳤다.

"엄마, 그거 보이스 피싱이잖아요! 아유, 어떡해. 일단 얼른 경찰에 신고하세요. 제가 지금 거기로 갈게요."

엄마는 전화를 끊고 겉옷을 챙기며 서둘러 나갈 채비를 했다. 통화 내용이 궁금했던 금리는 현관으로 향하는 엄마를 쪼르르 쫓아가 물었다.

"엄마, 할머니한테 무슨 일 있어요?"

"할머니가 핸드폰에 악성 코드가 발견되었으니 보안 앱을 설치하라는 문자를 받았다는구나. 경찰청 앱 이름이랑 똑같아서 깜빡 속으셨대. 요즘 하도 보이스 피싱, 보이스 피싱하니까 앱 깔면 안전할 줄 알고 까셨다는데, 휴."

엄마의 말에 금리는 놀라 외쳤다.

"보이스 피싱이면 사기잖아요! 그럼 앱만 빨리 삭제하면 되는 거 아니에요?"

"그게 원격으로 핸드폰을 조작할 수 있는 앱이었대. 할머니도 뭔가 이상해서 바로 앱을 삭제했는데 나쁜 놈들이 그새 할머니 돈을 빼 갔다지 뭐니."

다른 사람이 내 핸드폰을 몰래 조작해 돈을 빼 갈 수 있다는 사실에 충격을 받은 금리는 말을 잇지 못했다. 엄마는 현관문을 열고 엘리베이터 버튼을 누르며 말했다.

"일단 경찰서에 빨리 가 봐야겠다. 금리야, 엄마 저녁 되기 전에 돌아올 테니까 밥 차려 먹고 숙제하고 있어."

금리는 엄마의 말에 고개를 끄덕였다. 엄마는 서둘러 엘리베이터를 탔다. 엘리베이터 문이 닫히고 금리는 잠깐 생각에 잠겼다.

'앱만 깔았는데 돈을 빼 갈 수 있다니……. 잠깐, 그럼 누가 내 통장에 있는 돈도 빼 갈 수 있는 거 아니야? 지금 내 통장도 0원 되어 있으면 어떡해!'

금리는 얼른 방으로 들어가 통장을 챙긴 후 은행에 가기 위해 집 밖으로 나왔다.

거리에는 따사롭고 환한 햇살이 가득했다. 하지만 지금 금리의 눈에 화창하고 평온한 거리 풍경은 보이지 않았다. 금리의 눈에 보이는 건 핸드폰! 핸드폰을 하며 걷는 사람들뿐이었다.

'핸드폰으로 돈을 뺏어 갈 수 있다니. 핸드폰 하는 사람이 이렇게나 많은데.'

금리의 마음에는 걱정이 가득했다. 은행에 돈을 맡기면 안전하다고 철석같이 믿고 있었는데 한번 의심하는 마음이 들자, 걱정이 마구 샘솟으며 불안해지기 시작했다.

"내 돈은 잘 있겠지? 은행은 또 왜 이렇게 멀어!"

그 순간이었다. 통장에서 조그마한 5만 원 짜리 지폐가 뿍! 하고 솟아났다. 깜짝 놀란 금리는 지폐를 자세히 들여

다보았다. 그건 지폐가 아니라 아주 작은 문이었다.

"어라? 여기 왜 돈 문이……?"

작은 문이 스윽 열리더니 그곳에서 자본주의 편의점 할아버지가 나왔다. 금리는 통장 위에 나타난 할아버지를 보고 깜짝 놀라 손을 흔들며 인사했다.

"조지 워싱턴 할아버지! 제 통장에서 뭐 하세요?"

금리의 질문에 할아버지는 입을 뻐끔뻐끔 움직였다. 그러나 크기가 작아서 그런지 아무 소리도 안 들렸다.

"할아버지, 너무 작아서 안 들려요."

금리가 할아버지의 말을 못 알아듣겠다는 표정을 짓자, 할아버지는 잠시 기다리라는 듯 손짓을 했다. 그러더니 문으로 쑤욱 하고 다시 들어갔다. 뽁! 하고 문도 사라졌다.

"오잉? 어디로 사라지신 거지?"

그때였다. 통장 안쪽에서 똑똑, 누군가 노크하는 듯한 소리가 들렸다. 금리가 통장을 펼치자 돈 소리가 요란스레 울리며 환한 빛이 뿜어져 나오기 시작했다.

땡그랑땡그랑!

환한 빛에 눈을 감았다 뜨니 어느새 금리는 자본주의 편의점 안에 들어와 있었다. 편의점 안은 언제나처럼 환상적인 광경이 펼쳐지고 있었다. 공중에서는 지폐가 끊임없이 떨어지며 나비처럼 팔랑팔랑거렸고, 한쪽에서는 동전들이 차르륵- 폭포수처럼 쏟아졌다.

"우와, 자본주의 편의점으로 순간이동 했네. 앗, 맞다!"

화려한 돈 쇼에 시선을 뺏겼던 금리는 쥐고 있던 통장을 놓쳤을까 봐 손을 얼른 살펴보았다. 다행히 통장은 금리의 손에 여전히 잘 쥐어져 있었다. 계산대에 있던 할아버지가 금리를 향해 환하게 웃으며 인사를 건넸다.

"어서 오세요, 자본주의 편의점입니다."

"할아버지! 제 통장에 나타나시는 거, 어떻게 하신 거예요?"

할아버지는 금리의 말에 너털웃음을 지었다. 그리고 장난스럽게 물었다.

"하하. 우리 자본주의 편의점은 돈과 관련된 곳이라면 어디든지 오갈 수 있답니다. 근데 통장을 들고 어디를 그렇게 급하게 가고 있었나요?"

금리는 할아버지의 말에 잠깐 잊었던 걱정이 퍼뜩 다시 떠올랐다. 금리는 울상을 지으며 말했다.

"저희 할머니가 보이스 피싱을 당했어요. 앱을 깔았더니 통장에서 돈을 빼 갔다는데, 그 얘기를 들으니까 제 통장에 있는 돈도 걱정돼서 은행에 가고 있었어요."

할아버지는 걱정스러운 말투로 말했다.

"그렇군요. **보이스 피싱** 수법이 계속 발전해서 큰일이네요. 이상한 문자나 전화가 오면 무시하라는데 쉽지 않죠. 만약 금리 학생 통장에서 큰 돈이 갑자기 빠져 나갔으면 은행에서 연락을 해 줬을 거예요. 너무 걱정 말아요."

금리는 할아버지의 말에 약간 안심하는 표정으로 고개를 끄덕였다. 할아버지는 복잡미묘한 금리의 얼굴을 보더니 손가락으로 편의점 안쪽을 가리키며 말했다.

"걱정으로 머리가 복잡한 것 같은데 신제품 구경하면서 한숨 돌려 보는 건 어때요? 이런 말도 있잖아요. 급할수록 돌아가라! 오늘 신기한 상품들이 많이 들어왔거든요. 구경해 보세요."

신제품이라는 말에 금리는 한층 밝아진 표정을 짓고 편의점 안쪽으로 걸어갔다. 진열대에는 어디에서도 보지 못한 요상하고 신기한 제품들이 가득했다.

'머리를 안 감자! 감자칩', '울다가 웃는 울먹울먹 컵라면', '깜짝 놀라는 깜놀껌'. 금리는 다음 제품을 본 순간, 우뚝 설 수밖에 없었다. 사탕 하나가 금리의 마음을 단박에 사로잡았기 때문이었다.

보이스 피싱

보이스 피싱에 속지 않으려면?

음성(Voice) + **개인정보**(Private data) + **낚시**(Fishing)

'보이스 피싱(voice phishing)'은 금융 기관이나 공공 기관에서 전화한 것처럼 꾸며서 사람들의 개인 정보나 돈을 가로채는 사기 수법이야.

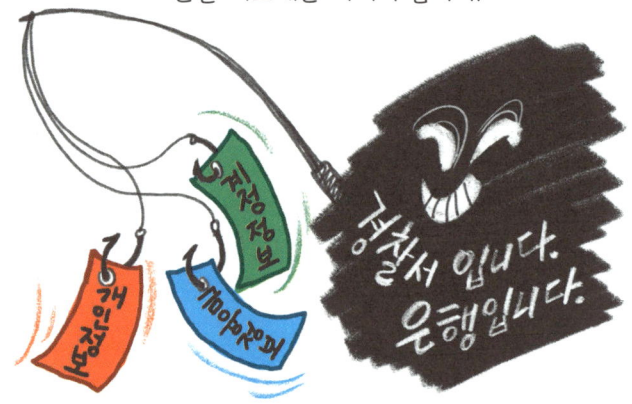

금융·공공 기관에서는 어떤 경우에도 현금을 인출해 오라고 하지 않아.

계좌 번호나 비밀번호, 공인 인증서도 요구하지 않아.

전화를 끊고 다시 걸겠다고 해도 아무런 불이익을 주지 않아.

보이스 피싱은 집단 범죄인 경우가 많고,
다른 사람의 핸드폰 번호와 계좌 번호를 이용하기도 해서
범인을 잡기 어려워.

보이스 피싱 전화를 받으면 일단 전화를 빨리 끊고
'보이스 피싱 지킴이' 또는 '금융감독원'과 '경찰청'에 신고해야 해.

"알부자 사탕이라고? 알부자가 뭐지?"

금리는 포장지에 적힌 이름을 따라 읽으며 고개를 갸웃했다. 할아버지가 금리의 말을 듣고 진열대 쪽으로 다가왔다. 그리고 제품을 보고는 웃으며 말했다.

"이런, 요즘은 알부자라는 말을 안 쓰나 보군요. 보기보다 실속 있는 부자를 알부자라고 한답니다. 재밌는 말이죠?"

금리는 할아버지의 말에 웃으며 고개를 끄덕였다.

"실속 있는 부자, 재밌는데요. 제 꿈은 이제 알부자예요!"

금리는 낄낄대며 웃다가 불현듯 마음속에 욕심의 기지개가 펴졌다.

'생각해 보니까 저번에는 투명투명 삼각김밥을 먹고 투명 인간이 됐잖아. 무엇이든지 10배로 뻥 과자를 먹고는 나이가 10배로 뻥튀기가 됐고. 으, 다시 생각해도 끔찍하다. 아무튼 알부자 사탕을 먹으면 알부자가 될지도 몰라!'

금리는 여느 때보다 빛나는 눈으로 알부자 사탕을 바라보았다. 금리의 마음을 읽은 듯 사탕 포장지도 편의점의 조명을 받아 더욱 반짝반짝 빛났다. 금리는 손을 뻗어 사탕을 꺼낸 후 빠르게 계산대로 갔다. 얼른 계산을 마친 금리는 기대하는 얼굴로 포장지를 뜯었다. 포장지 안에는 땅콩색의 사탕이 5알 들어 있었다.

"오, 5개나 있네. 일단 하나만 먹어 볼까?"

금리는 사탕을 하나 꺼내 입안에 넣었다. 그러자 신기한 일이 벌어졌다. 입속에서 땡그랑땡그랑 동전이 떨어지는 소리가 나는 게 아닌가.

"우와, 사탕에서 동전 소리가 나요. 신기해!"

그 소리는 마치 저금통에 동전을 넣을 때 나는 소리 같았다. 금리는 입속에서 사탕을 한창 굴리며 소리를 즐기다가 와그작와그작 씹어 먹었다.

'하나가 아니라 여기 있는 거 다 먹으면 엄청 큰 부자가 되는 거 아닐까? 히히.'

금리는 나머지 사탕 4알도 몽땅 꺼낸 후 입속으로 털어 넣었다. 그러자 입속에서 동전 소리가 더욱 요란하게 울리기 시작했다. 소리는 점점 커지더니 바로 옆에서 커다란 종이 울리는 것만큼 커졌다. 금리는 양손으로 귀를 막았다. 그리고 할아버지에게 큰 소리로 외쳤다.

"할아버지, 동전 소리가 너무 커요! 이거 어떻게 멈춰요?"

할아버지는 금리의 말에 대답하려 입을 열었다. 그 순간이었다. 편의점을 가득 메운 땡그랑땡그랑 소리에 편의점 곳곳에 쩍쩍 금이 가기 시작했다.

"아악!"

놀란 금리는 눈을 감으며 소리를 질렀다. 그리고 와르르-
순식간에 편의점의 천장이 무너졌다.

쿵!

눈을 감은 금리가 어둠 속에서 들은 것은 동전 소리가 아닌 낯선 어른의 목소리였다.

"고금리 행원, 잠깐 이 카세트 좀 들어 주시겠어요?"

한 남자가 묵직한 쇠로 된 통을 금리에게 내밀며 말한 것이었다. 금리는 갑작스러운 상황에 펄쩍 뛰며 주위를 둘러보았다.

'여긴 어디지?'

방금 전에 분명히 편의점 천장이 무너졌는데 이곳의 천장은 환한 조명이 달려 있었다. 넓은 실내에 칸칸이 창구들이 나눠져 있었고, 한가운데에는 커다란 현수막이 걸려 있었다. 현수막에는 '드림은행에 오신 것을 환영합니다'라는 문구가 적혀 있었다.

'나 또 은행에 온 거야? 흠…… 원래 편의점이 아니라 은행에 가던 길이었는데 잘됐지 뭐!'

금리는 손에 그대로 들려 있는 통장을 꼭 쥐었다. 그 순간 앞에서 뜨거운 시선이 느껴졌다. 고개를 들자, 방금 전에 금리에게 말을 걸었던 남자가 금리를 뚫어지게 쳐다보고 있었다. 금리는 통장을 주머니에 넣으며 어색하게 웃었다.

"하하, 안녕하세요?"

금리의 인사를 받은 남자는 미간을 찌푸리며 말했다.

"고금리 행원, 업무 시간이니까 빨리 이거 넣고 일하러 자리로 돌아가죠."

"네? 행원이요? 일하러 돌아가자고요?"

의아해하는 금리의 반응에 남자는 이상하다는 듯 말했다.

"네, 행원이요. 우리는 은.행.원이잖아요."

금리는 남자의 말에 깜짝 놀라며 소리쳤다.

"은행원이라고요? 저는 어린이인데요?"

어린이라는 말에 남자는 황당하다는 표정을 지었다. 금리는 황급히 자신의 모습을 살펴보았다. 몸이 어딘가 달랐다. 다리도 길어졌고 손도 커져 있었다. 은행 유니폼으로 보이는 파란색 옷도 입고 있었는데 옷 한쪽에는 '고금리'라고 쓰인 명찰이 달려 있었다.

'뭐야, 나 어른이 됐잖아! 미래로 온 거야? 근데 알부자가 아니라 왜 은행원이 된 거지?'

그때였다.

"흠흠."

남자가 주의를 돌리려는 듯 헛기침을 했다. 금리는 남자의 소리를 듣고 그의 유니폼에 달린 명찰을 보았다. 명찰에는 '강단호 계장'이라고 쓰여 있었다.

'간장게장도 아니고 계장이라니, 웃기다. 흐흐.'

금리는 웃음을 참으며 말했다.

"간장, 아니 계장님, 이 통 들면 되는 거예요?"

계장은 왠지 찝찝하다는 듯 고개를 끄덕이고는 자신의 뒤에 있는 작은 문을 가리켰다.

"맞아요. 문을 열려면 보안 열쇠를 꺼내야 해서요. 잠깐 이것 좀 들고 있어 주세요."

금리는 고개를 끄덕이고는 계장이 건네는 통을 받았다. 받는 순간 금리는 자신도 모르게 소리를 냈다. 통이 생각보다 너무 무거웠기 때문이다.

"헉! 계장님, 이거 뭔데 이렇게 무거워요?"

"뭐긴요. 카세트잖아요, 돈통."

금리는 계장의 대답에 깜짝 놀라 외쳤다.

"돈통이라고요?"

금리는 돈통을 살짝 흔들어 보았다. 지폐가 부딪치는 소리가 희미하게 들렸다. 금리는 무겁다고 낑낑대던 게 언제

였냐는 듯 돈통을 껴안고 황홀한 표정으로 말했다.

"우와, 신기하다. 돈인 거 아니까 하나도 안 무겁네. 계장님, 여기 돈은 얼마나 들어 있나요?"

금리의 말에 계장은 태연한 목소리로 말했다.

"만 원 짜리 돈통이니까 한 5천만 원 정도?"

"5천만 원이요?"

금리는 계장의 말에 몸을 부르르 떨며 되물었다. 문을 연 계장이 금리를 보고 문 안쪽을 가리켰다. 계장과 함께 문 안으로 들어간 금리는 깜짝 놀랐다.

"와, 여기는 어디예요?"

계장은 금리에게 돈통을 달라고 손짓하며 대답했다.

"**ATM** 뒤쪽이에요."

금리는 돈통을 껴안고 고개를 도리도리 흔들었다. 계장이 금리에게서 돈통을 휙 빼앗았다.

"힝, 내 돈통!"

"이게 왜 금리 행원 거예요? 여기 ATM 거지."

계장은 아쉬워하는 금리의 표정을 무시하고 돈통을 기계의 연결 부위에 넣었다. 그러자 기계에서 위잉 하며 지폐를 가지런히 정리하는 소리가 났다. 금리는 신기하다는 듯 입을 벌린 채 바라보았다.

ATM의 역사

편리한 ATM, 언제부터 사용되었을까?

세계 최초의 ATM에는 돈을 넣는 입금 기능만 있었어. 지금과 같은 현금 자동 입출금 기능이 있는 ATM은 영국 런던의 바클레이스 은행에서 최초로 나타났지.

우리나라 최초의 ATM은 1979년 조흥은행 명동 지점에 설치되었어.

그 이후 엄청 많은 ATM이 설치되었지.

은행까지 가지 않아도 현금을 찾을 수 있는 ATM은
2000년대에 들어서며 그야말로 엄청난 인기를 누렸어.

최근에는 ATM의 숫자가 줄어들고 있어.
신용 카드와 모바일 뱅킹이 늘면서
현금 사용이 줄어들고 있기 때문이야.

"ATM 속 돈을 사람이 채우는 거였다니. 저는 기계에서 알아서 돈을 채우는 줄 알았어요."

계장은 금리의 말에 웃으며 대답했다.

"저도 은행에 처음 입사했을 때 이게 제일 신기했죠. 이 작은 기계에 1억이나 들어가 있는 줄도 몰랐고 말이죠."

"1억이라니! 이 기계 저희 집에 설치할 수는 없을까요?"

계장은 돈통이 잘 연결된 것을 보고 일어나며 말했다.

"자, 고금리 행원, 이제 장난 그만하고 나갑시다."

계장은 돈통을 넣은 기계 뒷부분을 잠근 후 다시 문 밖으로 나왔다. 금리도 계장을 따라 나왔다. 은행 안에서는 자신과 똑같은 유니폼을 입은 은행원들이 창구에 앉아 열심히 일하는 중이었다.

'맞다, 내 통장!'

금리는 잊고 있던 통장을 주머니에서 꺼내며 곰곰이 생각했다.

"통장…… 은행…… 은행원 고금리?"

그리고 빠르게 고개를 돌려 창구에 앉아서 일하는 은행원들을 쳐다보았다. 통장과 은행원들을 번갈아 보던 금리는 뭔가를 깨달은 듯 혼잣말로 중얼거렸다.

"그래, 은행원이면 내 통장 속 숫자를 고칠 수 있을 거 아냐! 은행원이 된 이유가 있었네. 사람들이 안 볼 때 통장에 돈을 엄청 넣어서 알부자가 되는 거야!"

금리는 통장의 숫자를 부풀릴 생각에 마음이 들떴다. 금리가 룰루랄라 신나서 환한 미소를 지은 그때였다.

"아니, 내 통장에 있는 내 돈을 왜 못 뽑는다는 거예요? 이게 말이 돼?"

별안간 은행에 커다란 목소리가 울려 퍼졌다. 금리는 소리가 난 곳을 쳐다봤다. 한 손님이 굉장히 화난 듯 험상궂은 표정으로 통장을 들고 소리치는 중이었다. 손님이 서 있는 창구에는 단발머리의 여자 은행원이 앉아 있었다. 은행원은 손님을 진정시키려는 듯 차분하게 설명하기 시작했다.

"고객님, 죄송하지만 고객님의 통장은 지급 정지 제도로 계좌 이용이 불가능한 상황입니다. 경찰서에 가셔서 문의해 보셔야 합니다."

은행원의 답변에 손님은 더욱 화가 난 듯 벌게진 얼굴로 큰소리쳤다.

"경찰서? 내가 얼마나 선량한 사람인데 경찰서를 가라는 거예요! 지금 내가 사기꾼으로 보인다는 거예요?"

금리는 손님의 말에 놀라서 눈을 동그랗게 떴다.

'경찰서? 사기꾼?'

은행원은 흐트러지지 않은 태도로 차분하게 손님을 보며 얘기했다.

"고객님이 범죄를 저지르셨다고 말씀드린 게 아닙니다. 혹시 최근에 고객님의 계좌 번호와 이름, 전화번호를 다른 분께 알려 주신 적 없으신가요? 아니면 누군가 돈을 잘못 보냈다며 되돌려달라고 한 적 없으신가요?"

은행원의 말에 손님은 갑자기 말문이 막힌 듯했다. 그러다가 뭔가 생각난 듯 말했다.

"내가 장사를 하는데 이름이랑 전화번호, 계좌 번호를 가게에 적어 놨어요. 손님들이 계좌 이체를 할 때도 많거든요. 어제 10만 원 보낼 걸 100만 원으로 잘못 보냈다고 하며 다시 보내달라는 사람이 있긴 했어요. 정말 100만 원이 들어왔길래 다시 보내 줬는데, 설마 그게 문제가 된 건가요?"

손님의 말에 은행원은 고개를 끄덕인 후 대답했다.

"그 100만 원이 불법적인 돈이었을 수도 있습니다. 우리나라는 **금융 실명제**를 시행하고 있어서, 본인 이름으로 통장을 못 쓰는 사람이 불법적인 돈을 받는데 고객님의 계좌를 악용한 것 같습니다."

그러자 손님은 억울하다는 듯 말했다.

"그렇다고 왜 죄 없는 내 통장을 못 쓰게 막는 거예요?"

손님의 말에 은행원이 대답했다.

"불법적인 돈이 흘러들어 간 계좌의 경우는 바로 사용할 수 없게 정지시키는 제도가 있습니다. 이 계좌를 다시 사용하시려면 경찰서에 가셔서 사건 접수하시고 절차를 밟아주셔야 합니다."

손님은 당혹스럽다는 표정을 짓더니 이내 고개를 끄덕이고는 창구에서 물러났다. 금리는 손님을 침착하게 응대한 은행원의 모습에 감탄하여 반쯤 넋이 나간 표정으로 창구를 바라보며 서 있었다. 그때 은행원이 그런 금리를 보더니 다가왔다. 그리고 손님을 대할 때와는 정반대로 날카로운 눈빛을 한 채 말했다.

"고금리 행원, 거기 서서 뭐 해요? 시재는 챙겼어요?"

"네? 시재가 뭐예요?"

은행원은 금리의 반응에 벼락을 맞은 듯한 표정을 짓더니 천둥번개 신이 화난 것처럼 분노의 호통을 쳤다.

"은행원이 시재를 모른다니요! 그럼 지금 업무를 할 준비가 하나도 안 된 거예요?"

금리는 은행원의 호통에 천천히 고개를 끄덕였다. 사실 ATM 기계를 다루는 거나, 시재를 맞추는 거나 알부자 사탕을 먹고 이제 막 은행원이 된 금리가 모르는 것이 당연했다.

금융 실명제

정말 본인입니까?

금융 실명제는 돈과 관련된 거래를 할 때 본인의 이름을 사용하도록 하는 제도를 말해. 1993년부터 시작되었지.

은행에서 통장을 만들거나 거래하려면 신분증을 내야 돼. 자신임을 증명하는 거지. 모바일 은행에서는 지문을 사용하기도 해.

금융 실명제를 통해 사람들의 소득을 파악하기 쉬워졌어. 돈이 어디에서 어디로 이동되었는지 확인할 수 있어서 세금을 피하기 위해 돈을 숨기는 사람들을 잡기도 쉬워졌지.

하지만 다른 사람의 통장을 이용해 범죄를 저지르는 사람들이 있어.
이렇게 통장을 만든 사람과 쓰는 사람의 이름이
다른 통장을 '대포 통장'이라고 해.

통장을 빌려주는 것도 범죄야.
통장이나 카드 번호를 다른 사람에게
빌려주는 일이 없도록 주의해야 해.

'우씨. 나는 알부자 되려고 사탕 먹은 건데 갑자기 은행원이 되어서……. 아유! 참자, 참아. 그래야 내 통장에 돈을 넣을 수 있지.'

금리는 자신을 혼내는 은행원의 명찰을 보았다. 명찰에는 '한지적 대리'라고 쓰여 있었다. 금리는 능청스러운 표정으로 말했다.

"한 대리님~ 처음부터 잘하는 사람이 어디 있겠어요. 시재 알려 주세요. 잘 해 볼게요."

대리는 어쩔 수 없다는 표정으로 말했다.

"시재는 은행에서 일할 때 가지고 있는 돈을 말해요. 시재 챙기는 거 도와줄게요. 금고로 가시죠."

금리는 금고라는 말에 눈을 번쩍 뜬 후 환한 얼굴로 대답했다.

"오, 당연히 가야죠. 금고!"

대리는 지적하고 싶은 게 많지만 업무 시간이라 참겠다는 표정을 지으며 금리를 데리고 창구 뒤편 금고 쪽으로 이동했다. 그런 대리의 마음을 알 리 없는 금리는 금고로 가까이 갈수록 기대감에 가슴이 콩닥콩닥 뛸 뿐이었다.

'은행은 세상에서 돈이 가장 많은 곳이잖아. 은행의 금고라니 얼마나 대단할까?'

대리는 두꺼운 은색 철로 만들어진 금고 앞에 서더니 비밀번호를 눌렀다. 그 후 커다란 잠금장치를 돌린 후 묵직한 문을 열고 들어갔다. 금리도 두 눈을 빛내며 금고 속으로 들어갔다.

'에엥? 뭐야. 금고가 뭔가 휑한데……'

자본주의 편의점처럼 돈이 엄청 쌓여 있는 모습을 상상했는데 은행의 금고는 의외로 소박했다.

'뭐지? 오늘 돈이 왕창 나갔나?'

금리가 고개를 갸웃거리고 있는 사이, 대리는 금고의 한쪽 구석으로 이동했다. 그곳에는 작은 금고가 있었다. 열쇠로 문을 열자, 작은 금고에는 돈이 꽤 쌓여 있었다. 하지만 처음에 들어온 큰 금고에 돈이 가득할 것으로 생각했던 금리의 눈에는 턱없이 적어 보였다. 금리는 금고 안의 돈을 보고 실망한 목소리로 말했다.

"힝, 은행 금고라면 돈이 가득할 줄 알았는데 생각보다 별로 없네요. 여기 얼마 정도 있는 거예요?"

금리의 질문에 대리는 뚱한 얼굴로 대꾸했다.

"현금으로 한 7억 정도요. 사람들이 돈을 한 번에 찾는 일은 거의 없어서 법으로 정해진 최소한의 준비금만 쌓아 놓고 있어요. 이 정도면 현금으로 돈을 찾는 분들이나 대출을 받는 분들께 드리기 충분하니까요."

대리는 금고의 돈 뭉치에서 돈을 빼서 세고는 돈통에 돈을 채우더니 금리에게 전했다.

"자, 여기 시재요. 이제 창구에 가서 일하시면 돼요."

금리는 돈통을 받으며 작게 중얼거렸다.

"은행이 내가 생각했던 것보다 훨씬 더 돈이 없구나. 뭔가 실망이야."

금리는 대리와 함께 금고에서 나와 자신의 자리로 돌아갔다. 대리는 금리가 믿음이 안 간다는 듯 의심스러운 눈빛으로 쳐다보며 금리의 뒤에 서 있었다.

'어휴, 무서워라. 내 통장에 돈 넣고 얼른 돌아가야 하는데……. 안 되겠다, 얌전히 일하면서 기회를 봐야지.'

돈통을 놓고 앉아 있었더니 금리의 자리 쪽에 있는 전광판에 띵동 벨이 울리고 숫자가 떴다. 이 창구에서도 손님을 받는다는 표시였다.

첫 손님은 임산부로 보이는 여자였다. 금리는 손님이 맞은편에 앉자 옆자리 은행원의 미소를 따라 밝게 웃으며 큰 소리로 인사했다.

"어서 옵쇼!"

금리의 인사에 뒤에 서 있던 대리가 소스라치게 놀라며

처다봤다. 손님도 당황한 표정으로 금리를 처다봤다.

"은행에는 무슨 일로 오셨죠? 온 이유를 털어놓으시죠! 이 고금리가 싹 해결해 드리겠습니다!"

뒤에서 참으며 지켜보려고만 하던 대리가 금리의 귀 가까이 입을 갖다 대고 작게 말했다.

"금리 행원, 고객님한테 이유를 털어놓으라니요? 해결해 드린다니? 무슨 영화 찍어요? 고객님께는 무엇을 도와드릴까요 라고 물어봐야죠."

대리의 꾸짖음을 듣고 금리는 자신이 그렇게 이상했나 싶어 머쓱해졌다.

'이렇게 말하면 안 되나 봐. 일단 은행원으로 잘 일해야 통장에 돈 넣을 기회를 잡을 수 있을 테니까 하라는 대로 해야겠다.'

금리는 헛기침을 하고는 다시 손님을 보며 말했다.

"고객님, 무엇을 도와드릴까요?"

손님은 웃으며 통장과 돈을 내밀었다.

"순간 깜짝 카메라인가 했어요. 저 **저축**하려고요."

금리는 손님이 내민 통장을 받아 열었다. 그리고 통장 앞면의 예금자명을 보고는 깜짝 놀라서 소리쳤다.

"정하라? 이득이 친구? 혹시 너도 어른이 된 거니?"

저축의 종류

저축을 어떻게 해야 할까?

은행에 저축하면 이자를 받을 수 있어. 내가 모은 돈보다 더 많은 돈을 돌려받을 수 있지.

은행에 돈을 맡기는 것을 예금이라고 해.

예금

보통 예금은 필요할 때 언제든지 돈을 넣고 찾을 수 있어. 대신 이자가 적지.

정기 예금은 정해진 기간이 지난 다음에 약속한 이자와 함께 찾을 수 있어. 보통 오래 맡길수록 이자가 더 높아.

보통 예금

정기 예금

적금

정해진 금액을 한 달에 한 번씩 나누어 저축하는 것을 적금이라고 해.

정기 적금

정해진 날이 되면 그동안 저축한 돈과 이자를 더해서 한 번에 받을 수 있어. 대학 등록금, 결혼 비용 등 한 번에 큰 돈이 필요할 걸 대비해서 꾸준히 저축하는 경우가 많아.

> 은행에서 할 수 있는 저축 상품의 종류는
> 크게 이 3가지로 나뉘지만,
> 은행마다 저축 기간이나 이자가 다르기 때문에
> 자신에게 맞는 저축 상품을 선택하는 것이 중요해.

손님의 통장을 보고 소리를 지르는 금리의 반응에 대리가 황급히 금리의 입을 막았다. 그리고 손님에게 친절한 얼굴로 얘기했다.

"아직 은행에서 일한 지 며칠 안 된 신입 행원이어서 자꾸 이상한 소리를 하네요. 하하."

그러고는 금리를 향해 입은 웃고 있지만 눈은 웃고 있지 않은 무서운 표정을 지으며 작게 읊조렸다.

"고객님에게 너라니요. 자꾸 이러면 창구에서 나와서 오래된 동전 연도별로 정리하게 할 거예요. 알겠어요?"

금리는 대리의 협박에도 정신을 못 차리고 자신의 입에서 대리의 손을 떼며 말했다.

"그게 아니라, 얘가 제 동생 친구랑 이름이 똑같아서 물어본 거예요."

"고금리 행원!"

대리는 금리의 입을 막으려고 황급히 손을 내밀었다. 금리는 그런 대리의 손을 피해 고개를 요리조리 돌렸다. 그때 맞은편에 있던 손님이 입을 뗐다.

"저 정하라 맞아요. 금리 언니는 여기서 일하시나 봐요."

어른이 된 하라의 말에 금리는 대리를 보며 씨익 웃었다. 대리는 황당하다는 표정을 짓더니 금리를 노려보고는 자신의 자리로 돌아갔다.

"언니, 어릴 때부터 똑똑하다는 애기 많이 들었는데 그 어렵다는 은행원이 되시다니 대단하시네요."

하라는 금리에게 미소 지으며 말했다. 금리는 잠깐 눈동자를 굴리더니 대답했다.

"그, 그래? 은행원이 되기 힘든 거였구나. 근데 내가 잠깐 해 봤는데 별로야. 선배들도 잔소리가 많고, 또……"

"흠흠. 고금리 행원, 사담은 짧게 하세요. 업무 봐야죠."

금리가 흥보는 소리에 옆자리에 앉은 대리가 눈치를 주며 낮은 목소리로 말했다. 대리의 눈이 예리한 칼날처럼 번쩍 하고 빛났다. 금리는 대리의 얼굴을 본 후 얼른 말을 돌렸다.

"하라야, 어쨌든 저금한다는 거지? 내가 도와줄게."

금리는 통장을 펼쳤다. 통장에는 5만 원씩 37번 저금이 되어 있었는데 입금자명이 모두 다르게 적혀 있었다. '너를처음만난날', '건강하게나오길', '처음발차기를한날'. 금리가 놀란 표정으로 통장을 바라보자 하라가 웃으며 말했다.

"임신하고 아이를 위해 매주 저금하고 있거든요. 메시지도 함께요. 나중에 아이가 크면 주고 싶어서요."

금리는 다시 통장과 하라의 배를 바라보았다.

'태어날 아기를 위해 이렇게 메시지를 남기며 저금하다니. 뭔가 감동적이야.'

금리가 손님에게 받은 돈과 통장을 멍하니 보고 있자, 대리가 옆에서 금리의 팔을 쿡쿡 찌르며 말했다.

"내가 불안해서 가만히 볼 수가 있어야지. 고금리 행원, 통장을 여기 기계에 넣으세요. 돈은 저쪽 기계에 넣고요."

대리는 통장을 인식하는 기계 쪽을 손짓했다. 금리는 통장과 돈을 기계에 각각 넣은 후 하라에게 물었다.

"여기 5만 원 예금할게. 이번에는 어떤 말을 넣을까?"

하라는 잠시 자신의 배를 매만지며 생각하더니 대답했다.

"'곧만나네반가워'라고 넣어 주세요."

금리는 웃으며 고개를 끄덕였다. 그리고 대리의 도움을 받아 통장에 메시지를 넣었다. 금리는 하라에게 활짝 웃는 표정으로 통장을 돌려줬다. 알 수 없는 감동과 두근거림으로 가슴이 벅차오르는 느낌이었다.

"하라야, 정말 축하해."

하라는 금리를 보고 웃으며 통장을 받았다. 그리고 인사하고 자리를 떠났다. 금리는 하라의 뒷모습을 바라보며 대리에게 말했다.

"은행원은 그냥 돈을 주고받는 시시한 일을 하는 사람이라고만 생각했는데, 멋있는 것 같아요. 통장에 이렇게 글귀도 넣어 줄 수 있고요."

대리는 금리를 만나고 처음으로 찡그리거나 화난 표정이 아닌, 인자한 표정으로 말했다.

"맞아요. 은행원 일은 절대 시시하지 않아요. 통장을 만드는 사람들 중에는 자신의 미래를 준비하거나, 가족을 위해서 저축하는 경우가 많거든요. 통장에는 단순히 돈만 들어 있는 게 아니라, 사람들의 소망과 진심이 담겨 있어요. 우리는 그 소망을 돕는 일을 하는 거예요."

금리는 대리의 말에 고개를 끄덕이며 생각했다.

'소망과 진심을 담는 일이라니 멋지다.'

금리의 자리에 띵동 하고 벨이 또 울렸다. 다음 손님을 맞을 차례였다. 금리는 첫 손님을 보내고 나니 뭐든지 다 할 수 있을 것 같은 자신감이 잔뜩 붙었다.

"어서 오세요. 고객님, 무슨 일로 오셨나요?"

다음 손님은 할아버지였다. 할아버지는 핸드폰을 들고 통화 중이었는데 다급한 표정으로 안절부절하며 통장과 신분증을 내밀었다.

"여기 1억 빼 주세요. 빨리요."

1억이라는 금액을 들은 금리는 깜짝 놀라서 할아버지를

쳐다보았다.

'1억을 현금으로 찾다니. 무슨 일이실까?'

금리는 할아버지가 건넨 통장을 받은 후 고민에 휩싸였다. 옆자리에서 지켜보던 대리는 갑자기 동작을 멈춘 금리의 모습에 작은 목소리로 말했다.

"뭐 하세요? 왜 가만히 있어요?"

금리는 대리를 보며 고개를 흔들었다. 그리고 대리에게만 들릴 정도로 작게 말했다.

"대리님, 저 이 돈 안 빼 드릴래요."

금리의 말에 대리는 당황한 목소리로 말했다.

"아니, 돈을 안 빼 드린다니요. 고객님이 원하면 빼 드려야지, 우리 마음대로 하면 안 돼요."

금리는 그런 대리의 말을 듣는 둥 마는 둥 하더니 할아버지에게 대뜸 손을 내밀었다. 그리고 할아버지가 통화 중이던 핸드폰을 휙 뺏더니 통화를 확 끊어 버렸다.

"어, 이보세요. 지금 뭐 하는 겁니까!"

할아버지가 깜짝 놀라 외치고, 대리의 얼굴은 사색이 되었다. 대리는 펄쩍 뛰며 금리에게 소리쳤다.

"고금리 행원! 고객님 전화를 뺏어서 끊다니 이게 무슨 무례예요. 어서 핸드폰 돌려드리고 사과하세요!"

금리는 대리의 말에 할아버지에게 핸드폰을 돌려드리며 말했다.

"할아버지, 방금 전화하던 사람이 통장에서 돈 찾아 달라고 했죠? 그거 보이스 피싱이에요. 그런 읍!"

대리는 금리의 입을 다시 손으로 막았다. 그리고 할아버지 고객에게 고개 숙여 사과했다.

"정말 죄송합니다. 죄송합니다."

두 사람의 모습을 보던 할아버지가 멍하니 있다가 꿈에서 깬 듯한 표정으로 말했다.

"검찰청이라고 했는데, 보이스 피싱이라고요?"

검찰청이라는 말에 대리도 금리의 입을 막던 행동을 멈추고 할아버지를 쳐다보았다. 할아버지는 뭔가를 깨달은 듯 놀라며 말했다.

"검찰청에서 내 통장이 도용되었다고 은행에서 돈을 빨리 찾으라고 해서 온 건데. 맞네, 보이스 피싱이었어."

금리는 할아버지의 말에 고개를 격하게 끄덕이며 말했다.

"맞아요! 할아버지, 그건 보이스 피싱이에요."

할아버지의 말을 들은 대리도 놀란 듯 고개를 끄덕이더니 말했다.

"고객님, 여기서 잠시 기다려 주세요. 금리 행원도 잘했어요. 고객의 말을 주의 깊게 듣고 보이스 피싱을 알아채고 행동하다니. 이번에는 금리 행원에게 제가 배웠네요."

금리는 대리를 보며 웃었다. 그리고 할아버지를 보며 말했다.

"할아버지, 고마우시면 저에게 5백만 원 정도만."

금리의 말에 대리는 다시 손을 뻗어 금리의 입을 막았다. 이후 사건은 급박하게 돌아갔다. 은행장이 와서 파출소에 전화하고, 파출소에서 온 순경이 할아버지를 모시고 갔다. 은행장은 금리도 놀랐을 테니 잠시 쉬라며 휴게실로 보냈다. 그렇게 20분 후 은행장과 대리가 금리를 찾아와 밝은 표정으로 말했다.

"고금리 행원, 보이스 피싱이 맞다고 하네요. 오늘 엄청난 일을 해냈어요."

금리는 **은행**에서 범죄를 막아 냈다는 생각에 뿌듯한 마음을 느꼈다. 금리는 은행원이 되기를 잘했다는 생각을 하면서 문득 외할머니의 보이스 피싱 사건은 어떻게 됐을지 걱정이 들었다.

'할아버지의 피해를 막아서 다행이야. 우리 할머니도 돈을 보내기 전에 막을 수 있었으면 좋았을 텐데.'

은행장은 다시 한번 금리를 칭찬하며 박수를 쳤다. 금리는 박수를 받으며 씨익 웃었다.

'히히. 모두 나를 칭찬하잖아. 이런 분위기라면 물어볼 수 있겠어.'

금리는 은행장에게 은행원이 된 후로 가장 궁금했던 것을 물어보았다.

"은행장님, 저는 절대 그럴 마음이 없는데요. 그냥 궁금해서요. 혹시 은행원이 자기 통장에 돈을 몰래 넣으면 어떻게 되나요?"

금리의 말에 은행장과 이를 지켜보던 대리 모두 조용해졌다. 대리는 얼굴이 붉어져 은행장이 없었다면 벌써 잔소리를 시작했을 것 같은 얼굴이었다. 은행장은 금리에게 엄중한 표정으로 말했다.

"그런 일을 하면 횡령죄로 바로 잡혀갑니다. 아무리 돈이 탐나도 감옥에 가고 싶지 않은 이상, 그런 일을 하는 은행원은 없겠죠."

금리는 은행장의 말에 벙찐 표정을 지었다. 그리고 눈을 크게 뜨며 말했다.

"죄송한데 횡령죄가 뭔가요?"

금리의 말에 은행장과 대리는 황당하다는 표정을 지었다. 대리가 곧 폭발할 듯한 화산 같은 얼굴로 말했다.

은행의 역할

은행은 무슨 일을 할까?

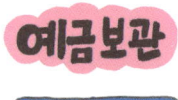 **예금보관**

사람들이 맡긴 돈을 안전하게 관리해.

필요한 사람에게 돈을 빌려줘.

대출

회사에 큰 돈을 빌려주기도 해.

공과금 수납

세금이나 전기료, 수도료 등을 대신 받아 줘.

환전

우리나라 돈과 외국의 돈을 바꿔 줘.

이러한 일을 하는 은행을 '일반 은행'이라고 해.

특수한 일에 필요한 돈을 원활히 공급하기 위해 특별법에 따라 세워진 은행은 '특수 은행'이라고 해.

한국수출입은행

KDB산업은행

기업은행

지역의 금융 지원을 위해 특정 지역에서만 영업하는 은행은 '지방 은행'이라고 해.

제주은행

BNK 부산은행

광주은행

인터넷이 발전하면서 모든 금융 서비스를 온라인으로 제공하는 인터넷 은행도 생겼어.

kakaobank

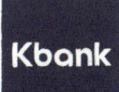
Kbank

toss bank

인터넷 은행의 영향으로 10년 동안 은행 점포 약 2,000개가 줄었대.

은행은 세워진 목적에 따라 나뉘지만, 모두 돈이 필요한 곳에 잘 갈 수 있도록 돈의 순환을 돕는 일을 해.

"은행원이 횡령을 모르다니! 횡령죄는 다른 사람의 돈을 맡는 일을 하는 사람이 자기가 돈을 꿀꺽 가져 버리는 걸 말해요. 은행에 있는 돈은 우리 드림은행을 이용하는 고객들의 돈이니까 절대 손을 대서는 안 되죠!"

대답을 들은 금리가 어색하게 웃으며 말했다.

"농담이었어요. 당연히 안 되는 거죠. 하하. 그럼 저도 이제 일하러 가야겠죠?"

금리는 애써 괜찮은 척 일어나 씩씩하게 휴게실 밖으로 걸어 나갔다.

"은행원이라고 함부로 자기 통장에 돈을 넣었다가는 감옥에 가는구나."

중얼거리며 걸어가는 금리를 본 은행장이 대리에게 속삭였다.

"저기 신입 좀 불안하군. 꼭 붙어서 지켜봐 주세요."

대리는 은행장에게 고개를 끄덕이며 말했다.

"안 그래도 그러고 있습니다."

다시 돌아와 창구에 앉은 금리는 손님을 맞이할 준비를 했다. 다음 손님은 선글라스를 쓴 아주머니였는데 달러를 내밀며 한국 돈으로 바꿔 달라고 했다.

'은행에서 외국 돈을 우리나라 돈으로 바꿔 주는 일도 하

는구나.'

금리는 신기해하며 달러를 받아 들었다. 그리고 달러를 본 순간 금리는 깜짝 놀라 소리를 질렀다.

"조지 워싱턴 할아버지!"

달러 속에서 자본주의 편의점 할아버지의 초상화가 보였기 때문이었다.

"1달러의 사나이라고 하시더니 진짜 달러에 계셨네요."

금리가 달러를 보며 말하자 더 신기한 일이 생겼다. 금리의 목소리를 들은 듯 달러 속의 초상화가 고개를 쓰윽 돌리더니 금리를 향해 찡긋 윙크를 하는 것이 아닌가. 금리는 잘못 본 게 아닐까 두 눈을 비비고 다시 달러를 바라보았다. 그런데 잘못 본 것이 아니었다. 이번에는 달러 속의 초상화가 하품을 하며 금리를 향해 말을 걸었다.

"금리 학생, 은행에서 이제 돌아오면 어때요?"

"네? 돌아가요? 어떻게요?"

"돈을 보고 윙크를 하세요. 그러면 돌아올 수 있을 거예요."

금리는 달러 속 초상화를 보며 윙크를 했다. 그러자 금리의 몸이 지폐 속으로 빨려 들어갔다. 타라라라락. 여러 관문을 거쳐 몸이 통통 떨어지더니 눈을 떴을 때는 다시 자본주의 편의점 안이었다. 금리는 눈을 뜬 후 자신의 몸을 바라보았다. 파란색의 은행원 유니폼이 아니라 알록달록한 옷을 입은 원래의 모습으로 돌아와 있었다. 흥분한 금리는 할아버지를 향해 큰 소리로 외쳤다.

"할아버지! 저 은행에 가서 은행원 일을 했어요. 그리고 어떤 손님의 핸드폰을 뺏어서 보이스 피싱도 막았어요!"

할아버지는 금리의 말에 웃으며 대답했다.

"대단한 일을 했군요. 보이스 피싱을 당할 때 유용한 대처법이죠. 일단 전화를 끊고 상대가 말한 게 진실인지 알아보는 거요."

"그렇구나. 내가 잘한 거였구나."

금리는 가슴 벅찬 표정을 짓더니 다시 큰 소리로 외쳤다.

"할아버지, 저 결심했어요! 앞으로 다른 사람의 소중한 돈을 노리는 나쁜 보이스 피싱 범죄를 막는 사람이 되기로요!"

"그럼 경찰관이 되려는 건가요?"

금리는 할아버지의 말에 고개를 저으며 말했다.

"아뇨. 보이스 피싱을 알리는 부자가 될 거예요. 줄여서 알부자! 제가 집에 가서 포스터를 그려 올게요. 그거 여기 편의점에도 붙여 주세요."

금리의 말에 할아버지는 자신의 이마를 탁 치며 웃었다.

"그리고 집에 가서 할머니한테도 알려줄 거예요. 한 번도 큰일인데 보이스 피싱에 두 번 당하면 안 되잖아요!"

금리는 집에 가려는 듯 편의점 문을 열고 나서며 보이스 피싱 위험을 알리는 포스터를 곳곳에 붙여 달라고 당부했다. 할아버지는 금리를 배웅하기 위해 문 앞까지 나와 대답했다.

"금리 학생, 포스터 완성되면 원하는 자리에 붙여 줄게요. 잘 그려 오세요."

금리는 뒤돌아 할아버지를 보며 싱긋 웃었다. 할아버지는 금리를 향해 손을 흔들었다. 그리고 금리의 뒷모습을 지켜보다가 편의점 안으로 들어갔다. 딸랑 하는 소리와 함께 문이 닫히자, 몇 초 후 편의점 건물은 반투명해지더니 점차 사라졌다.

초판 1쇄 발행 2025년 4월 15일
초판 2쇄 발행 2025년 7월 31일

지은이 정지은·이효선
그린이 김미연
감 수 이성환

펴낸이 김남전
편집장 유다형 | 편집 이경은 | 디자인 양란희
마케팅 정상원 한웅 정용민 김건우 | 경영관리 김경미

펴낸곳 ㈜가나문화콘텐츠 | 출판 등록 2002년 2월 15일 제10-2308호
주소 경기도 고양시 덕양구 호원길 3-2
전화 02-717-5494(편집부) 02-332-7755(관리부) | 팩스 02-324-9944
홈페이지 ganapub.com | 인스타그램 instagram.com/ganapub1
페이스북 facebook.com/ganapub1

ISBN 979-11-6809-168-9 (74320)
　　　979-11-6809-149-8 (세트)

※ 책값은 뒤표지에 표시되어 있습니다.
※ 이 책의 내용을 재사용하려면 반드시 저작권자와 ㈜가나문화콘텐츠의 동의를 얻어야 합니다.
※ 잘못된 책은 구입하신 서점에서 바꾸어 드립니다.
※ '가나출판사'는 ㈜가나문화콘텐츠의 출판 브랜드입니다.

- 제조자명: ㈜가나문화콘텐츠
- 주소 및 전화번호: 경기도 고양시 덕양구 호원길 3-2 / 02-717-5494
- 제조연월: 2025년 7월 31일
- 제조국명: 대한민국
- 사용연령: 4세 이상 어린이 제품

가나출판사는 당신의 소중한 투고 원고를 기다립니다. 책 출간에 대한 기획이나 원고가 있으신 분은
이메일 ganapub@naver.com으로 보내 주세요.